# 媒体融合环境下高校图书馆工作研究

杨海军　著

北京工业大学出版社

**图书在版编目（CIP）数据**

媒体融合环境下高校图书馆工作研究 / 杨海军著 . —

北京 ： 北京工业大学出版社， 2021.9

 ISBN 978-7-5639-8100-7

Ⅰ．①媒… Ⅱ．①杨… Ⅲ．①院校图书馆－图书馆工

作－研究 Ⅳ．① G258.6

中国版本图书馆 CIP 数据核字（2021）第 203598 号

---

**媒体融合环境下高校图书馆工作研究**

MEITI RONGHE HUANJING XIA GAOXIAO TUSHUGUAN GONGZUO YANJIU

**著　　者**：杨海军

**责任编辑**：李　艳

**封面设计**：知更壹点

**出版发行**：北京工业大学出版社

　　　　　　（北京市朝阳区平乐园 100 号　邮编：100124）

　　　　　　010-67391722（传真）　 bgdcbs@sina.com

**经销单位**：全国各地新华书店

**承印单位**：定州启航印刷有限公司

**开　　本**：710 毫米×1000 毫米　1/16

**印　　张**：10.25

**字　　数**：205 千字

**版　　次**：2021 年 9 月第 1 版

**印　　次**：2022 年 8 月第 1 次印刷

**标准书号**：ISBN 978-7-5639-8100-7

**定　　价**：65.00 元

---

# 作者简介

　　杨海军，男，生于1971年，汉族，山东省巨野县人，大学本科学历，现任菏泽学院图书馆副研究馆员、阅览部副主任，主要从事图书管理和图书馆阅读推广等研究工作，曾独立发表学术论文20余篇，国家级核心期刊2篇，其中，《基于虚拟现实技术来提升高校图书馆服务功能》获得菏泽市社会科学优秀成果二等奖。

# 前　言

在当前飞速发展的信息化时代中，媒体领域也在发生着变化。各个媒体之间的距离也逐渐缩小，媒体融合的趋势也因此上升。传统媒体和新媒体融合所展现出的互动性的特点，是当今社会的一大特色。高校图书馆是高校建设和发展中重要的一环。并且，高校图书馆对推动良好校园文化的形成也起到重要作用。新的媒体技术广泛应用于高校图书馆的日常工作中，对促进文化传播、加强品德教育，起到重要作用。然而，在高校图书馆日常的工作和运营当中，也会面临许多的问题，针对新的形势，高校图书馆也会结合自身情况，进行改革。因此，在媒体融合环境下，如何促进高校图书馆的发展，如何利用好媒体融合，成为值得思考的问题。

本书第一章为新时代媒体融合环境，介绍了三个方面的内容，分别是媒体融合概述、媒体融合特征及相应作用、新时代媒体融合发展三个方面的内容；本书第二章为图书馆发展概述，主要介绍了图书馆的产生与中国高校图书馆发展历史、图书馆性质、图书馆发展现状三个方面的内容；本书第三章为图书馆管理制度，依次介绍了三个方面的内容，分别是管理制度原理、知识管理、危机管理；本书第四章为高校图书馆功能，介绍了三个方面的内容，分别是高校图书馆与校园文化传播、高校图书馆教育功能、高校图书馆服务工作发展；本书第五章为媒体新技术在高校图书馆中的应用，主要介绍了三个方面的内容，分别是网络图书馆、手机图书馆、数字图书馆；本书第六章为媒体环境下高校图书馆的发展，依次介绍了三个方面的内容，它们是高校图书馆管理方式改革、高校图书馆信息化建设变革、高校图书馆面临的新挑战。

在撰写本书的过程中，作者得到了许多专家学者的帮助和指导，参考了大量的学术文献，在此表示真诚的感谢。由于作者水平有限，书中难免会有疏漏之处，希望广大同行及时指正。

# 目 录

# 第一章　新时代媒体融合环境

本章叙述了新时代背景下的媒体融合环境，分为三个部分，即媒体融合概述、媒体融合特征、新时代媒体融合发展，介绍了当下的媒体融合现状，以及对未来媒体融合的展望。

## 第一节　媒体融合概述

### 一、现状

#### （一）时代背景

21世纪的世界是变化的世界，在持续发展和前进的中国，伴随着以互联网技术等为代表的新型传播技术的快速铺开和应用，这种媒介融合的现象显得尤为剧烈。传统媒体譬如报刊、广播、电视等面临着重大的挑战和机遇，也各自相继发生了重大的变革。在以报刊、广播、电视等为代表的旧媒体和依托互联网技术而迅速发展壮大的一系列新媒体之间，出现了一种前所未有的趋势，即以往各个媒体之间清晰的边界逐渐消融，不同的媒介呈现出一种融合发展的态势，这种在整个媒介形态层面上的变化被称作媒介融合。

在融媒体时代，随着信息数量增长和信息技术提升，传者和受者的界限模糊，人们期望通过符合主流价值观的新话语体系在融媒体上双向互动，使传播格局、舆论生态发生重大变化，由此迎来媒体功能优势互补、一体化发展的客观环境。而融媒体时代的特征是双向互动性和动态化。

一是双向交互性，具体表现为两者共同参与、平等交流、互相推动。传统媒体的理论宣传是传者自上而下的单向行为，几乎没有受者的参与和互动。新媒体虽依托技术，一定程度上能够削弱传者的权威，但受者在信息输出方面仍处于相对被动地位。而融媒体时代，信息革命成果更新迭代，传者和受者的界限模糊，可平等沟通，相互尊重，互惠互利，使用户生产内容成为倡息输出的另一重要渠道。而用户生产内容，并非简单的沟通，而是通过融媒体平台的深度互动，即交互性行为，打开心扉，实现对信息的深刻理解，便于输出和输入。因而融媒体时代的双向交互性也体现融媒体的双向交互性。

二是动态化，"媒介融合"应该是一种过程状态。由此可见，融媒体时代处于动态化的发展过程中。具体体现在：其一，技术进步推动融媒体的发展，而融媒体的进一步发展，对数字技术、多媒体技术等技术之间的渗透、融合要求不断提高，如此循环往复，逐渐将媒体技术融合向深层次推进。其二，平台融合的动态化，采集、传输、接收、反馈信息等环节越来越聚焦于同一平台，提升传播效率，宣传格局也不断改进，提升平台融合的信息数量和质量要求，完善传播舆论生态。其三，内容融合的动态化，内容融合以内容差异化和多样化为前提。融媒体时代，融媒体间的竞争从物理介质转到媒体品牌（差异化和多样化内容、服务等）。而媒体市场的竞争日趋激烈，融媒体不仅提供差异化和多样化内容、服务，内容逐渐深度融合的实践也成为其占据媒体市场一席之地的新尝试。其四，组织融合的动态化，这主要体现在通过强强联合，淘汰不适应市场需求的融媒体，以不断优化资源配置。总之，技术、平台、内容和组织融合的动态化，使融媒体时代对融媒体的要求不断提升，因而融媒体时代的动态化也表现为融媒体的动态化。

## （二）显要特征

融媒体依托于互联网和大数据的支撑得以快速发展，致力于实现新媒体与传统媒体的高度融合和优势互补，实现两者的合作共赢，打造一批具有强大影响力的主流媒体，使其能够传递社会主流价值观，弘扬社会主义先进文化，正确引导社会舆论。随着融媒体广泛应用的过程中，其特征也日益显著，主要表现为以下几点：

首先，媒体资源的高度整合。新媒体和传统媒体在传播方式、手段、和呈现方式上存在着巨大的差异，它们在内容的采集和制作上也处于分隔状态。为适应融媒体的发展要求，必须改变原有各媒体资源分散、封闭经营的模式，整合传统媒体与新媒体的资源，实现其在内容、人才队伍、技术、平台等方面的互通共享，使这些整合的资源其能够服务于多媒体多平台。而且媒体资源的整合能够降低信息的采编成本，极大地节省人力、物力，同时，媒体资源的高度整合可以在不同媒体上形成对同一件新闻全方位、多维度的立体式传播，能够极大地提高传播效果和影响力。其次，传播内容多样化和碎片化。随着网络技术的发展，使得融媒体的功能越来越强大，越来越方便快捷，人们把融媒体作为自己与外界联系的首选，对其产生的不良影响也首当其冲。融媒体快速的传播能力和强大的信息生产能力，使融媒体上传播的内容多种多样，大量信息不断堆积。其中有很大一部分是同质化和垃圾信息，这些信息没有丝毫的教育价值，增加了人们对信息甄别的难度。再加上现代人工作繁忙生活压力大，使用融媒体主要是寻求放松和娱乐，他们很难抽出时间对信息进行深阅读，这使融媒体只注重迎合广大用户的需求，往往从完整的、系统的内容中抽取一些内容，并将这些内容进行改变和加工，然后将这些零散的内容呈献给广大用户，人们长久接收这种碎片化的信息会影响人们系统化、逻辑化思维的形成。

再次，以用户为本。传统媒体是以传播者为本，主要呈现出一种媒体传播给受众的单向传播模式，在此模式下媒体忽视受众感受，不能满足不同受众的个性化需求，导致受众只能被动地接收信息，不能发表一些自己的看法和言论，极大地限制了受众的主动性与参与性。融媒体时代的到来从根本上改变了传播者与受众的关系，受众这种说法被用户所取代，并提倡以用户为本、用户至上的理念。融媒体在操作与运行的过程中在各个环节中都做到以用户为中心，更加注重用户的参与度与体验感，使用户能够自我把控信息，根据自身爱好自主选择信息进行浏览，自由地发表意见上传视频、与他人交流互动，积极地参与到信息表达中。融媒体还能在依托大数据分析的基础上，搜集用户喜好，对用户进行定制化精准推送，服务用户的个性化需求。而且融媒体赋予用户极大的自由性，他们可以自由使用各种媒体，实现接收者、传播者、反馈者之间不同角色的转变，这也从另一个方面体现其以用户为本的特征。

最后，新旧媒体优势互补。融媒体将传统媒体与新媒体进行融合，既要利用好传统媒体的长处，又要发挥新媒体的优势，达到二者之间的优势互补。传统媒体团队制作精良，内容多为正面，具有权威性，但是由于其新闻和作品制作周期长，传播速度较慢，满足不了用户快节奏的生活及个性化需求。而新媒体传播速度快，互动性强，内容呈现方式更贴合年轻的用户，迎合了大部分人特别是大学生的需求。但是，新媒体上存在许多不良文化信息，不利于社会主流文化的传播和政府对意识形态的领导，因此更需要传统媒体对新媒体在方向上的引领。目前传统媒体在一些方面对新媒体起到一定的引导作用，一定程度上实现了二者的优势互补，但是传统媒体对新媒体的引导作用在许多方面还比较微弱。

### （三）意义

我们可以看到，从传播技术和形式的角度而言，现代的诸多学者已经提出了媒介融合的种种概念并相应地在不同领域中加以完善。然而将之置于长久的媒介技术发展史之中后，我们可以更清楚地认识到媒介融合不仅是伴随着数字技术诞生的新概念，更是媒介发展的必然选择。如同广播之于报纸，电视之于前两者，任何一项新媒介的诞生都会与原有的旧媒介产生矛盾和冲突，而这种矛盾和冲突很多时候并不会以你死我活作为终结，而是在这种新旧媒介的对抗过程之中，实现了媒介之间的相互学习、借鉴，其后的资本力量也得以整合，媒介得以根据自己的特点选择更为适合的市场，不同的媒介也实现了在各个层面上的合作和补充。

融媒体为我们对内对外宣传中国的优秀文化提供了诸多的便利，我们要抓住这一机遇，培育大学生的文化自信，增强国家文化的凝聚力和影响力，从而增强国家文化的软实力。一方面，融媒体环境下加强对大学生的文化自信培育，使他们认识到中国文化的丰富内涵和宝贵价值，增加他们对本国文化的认可和自信，激发他们的民族自豪感和荣誉感，使大学生们积极自觉地传播中国的文化，使人们认同文化的价值，自觉为文化发展出一份力。可见在融媒体环境下加强对大学生的文化自信培育，有利于将全体人民都凝聚在中国文化的周围，增强了文化的凝聚力与向心力。另一方面，融媒体为文化的对外传播提供了前所未有的机遇，而实现高效的对外传播的前提是必须对自身的文化价值及理念了然于胸。融媒体环境下对大学生进行文化自信培育，能够使他们对本民族的文化有更深入的理解，有利于他们能更好地讲好中国故事和传播中国的价值观念，让中国文化走出国门，使更多外国人了解并认同中国的文化和价值观念，增加外国对中国文化的认可度，扩大中国文化的对外影响力，实现良好的对外传播。大学生文化自信培育既能增强中国文化的凝聚力，又能扩大中国文化的影响力，多方面地增强了国家文化的软实力。

在融媒体的概念出现之前，传统媒体和新媒体是媒体发展的两种形态，报纸杂志、广播电视等传统媒体凭借权威内容、可靠信息等长处在媒体产业获得可观的市场，新媒体以交互性强、语言活泼、传播迅速的信息吸引着受众视线。融媒体可借助二者优势，使信息不仅具有前者的专业化和可靠性，而且还有后者的趣味性和即时性，可增强受众的体验感和获得感。融媒体在信息传输方面，除以上所述的高质量之外，还体现在信息的数量上。社会主义核心价值观培育与践行的传统模式是以思政理论课为主要途径，许多思政课教师单纯使用教材教学，而教材里的内容较有限，现有内容也不一定全符合客观情况。融媒体背景下，信息的丰富性体现在社会主义核心价值观培育与践行既包含了国内信息，也包含了海外信息，既提供了历时信息，也提供了共时信息。在内容的质量和数量方面，融媒体为教育者提供了丰富创新的培育与践行资源，也助力大学生拓宽视野。

广播的出现使得大众传播事业当中首次出现两种媒介形态并存的状态，这也打破了 19 世纪末以来大众传播时代的"大众报纸"在大众传播领域的垄断。在西方，报纸的出现曾使得新闻媒体的产业化成为可能，报纸得以摆脱政党津贴转而成为自由出版运营的一种社会公器，社会各界人士借助报纸实现充分的言论表达自由，媒体也因报的出现消解了报纸的垄断地位，它第一次在大众传播领域利用人们的听觉进行传播，因此具有很强的现场感和感染力。除此之外，广播在时效性和伴随性上也优于当时的报纸。但随着时间的推移，人们开始认识到广播媒介亦存在种种不足。随后诞生的电视使得类似的融合现象再度出现。当时，作为新兴媒介出现的电视具备强大的威力，它可将文字、声音、图像自由组合以达到最佳的表现效果。电视出现伊始，其几乎具备了当时存在的各类媒介形式的全部优点。但是与之前类似的情况再度出现，三种媒介之间在竞争的同时，也开始相互补充和借鉴，并最终找到了各自独特的优势，形成了鼎足而立的局面。

## 二、影响因素

### （一）科学技术

1. 新媒介

技术进步对经济增长、社会发展的作用一直是学界关注的热点。一般来讲，促进生产效率提高的因素都可能是构成技术进步的因素，这其中往往包括了技术的改进、技术效率的提高、投入要素质量的提高、资源分配效率的提高等多方面因素。论及传媒产业，技术的发展被视为传播媒介乃至整个传媒产业不断向前演进的重要动力，尤其是在数字传播技术出现之后，各种依托互联网技术的新媒介形式不断出现，过去不同传播媒介之间的界限被打破。而电子计算机技术凭借其强大的承载力和适应力，已成为处理所有媒介形式的现象级的技术，因此，传播技术的进化和随之而来的新旧媒介之间的关系问题自然成了研究的热点。

网络媒介是最先被认可的新媒介，也是到目前为止覆盖范围最广。被接受程度最高的新媒介。在新媒介发展的路径上，我们可以把数字网络技术的产生看作新媒介发展的真正起点。人们广泛接受并且积极使用网络媒介的基础包含几项关键技术的普及，如通信网络技术、个人计算机技术、网络文件服务存储系统，等等。关于网络传播的研究开始得相对较早，受互联网巨大的社会影响力和技术推动力的影响，已经有众多学界和业界的研究人员投入互联网传播的研究之中。在此前提下，已经达成初步共识的研究成果便是网络传播的形式普遍具备作为其技术基础的互联网技术的基本特征，也就是强调互动性，推崇去中心化的传播。继而，网络传播技术实际上突破了传统媒体传播在渠道上的单向性，使交互式传播的现象出现，传受双方的地位因此而更为平等。受众得以摆脱消极等待信息、接收信息的被动地位，拥有了更大的选择权和主动性，甚至可以在传统媒体的"推"送信息之余，尝试主动"拉"取信息。

2. 技术监管

融媒体依托网络进行文化传播，网络上不健康的信息污染了融媒体空间，冲击着人们的思想防线，因此对网络实行严格的监管刻不容缓。政府和高校必须承担起监管的责任，营造良好的网络环境，增加大学生对正面信息的接触，正向引导社会舆论。

首先，政府应加强对互联网的监管工作。习近平多次指出，"过不了互联网这一关，就过不了长期执政这一关"。网络空间不是法外之地，治理网络空间势在必行。融媒体上很多信息来源于网络，要想使融媒体传播正面的信息，必须肃清网络这个信息源头，打造良好的网络环境。因此政府必须承担起整治网络空间的责任，制定严格的网络管理条例，对网络上的各类信息进行监管。人们可以自由发表言论，但是自由要有一定的限定范围，不能破坏社会道德的约束，更不能超越宪法及法律的界限，对那些传播虚假信息和不良文化信息对我国进行文化渗透，瓦解人们的价值观念的人要实行严惩。高校也要加强对校园网络的监管，承担起主体责任，设立校园网络不良信息监测机制，及时发现并删除不良信息，肃清网上的不良内容，净化文化传播环境，打造适合大学生文化自信培育的网络空间。

其次，政府要加强对舆论的引导。西方发达国家利用自己在融媒体和技术上的优势，大肆发表不利于中国文化的言论，企图颠倒黑白。面对这些混淆大众视听的言论，政府给予有力的还击的同时，要加强对社会舆论的引导。政府有关部门应及时通过融媒体，在网络、电视、报纸等多个平台发布真实权威的信息，纠正错误的言论，疏导社会舆论，传播正确的价值观念。同时高校有关部门也要高度关注校园舆论情况，教育者应广泛运用融媒体，对大学生经常使用的网站、抖音号、论坛等媒体保持密切关注，了解大学生的话题焦点和舆论走向，以社会热点问题为切入点并释放理性的声音，发表真实客观的言论，帮助大学生认清事实和真相，最大程度上减少消极负面的舆情对大学生的影响，做好大学生的舆论引导工作。

### （二）传媒渠道

互联网能够如此高速地进入人们的生活，是和当今竞争激烈、节奏飞快的社会现实分不开的。现代社会中，大众往往无法获得大量完整的闲暇时间；同时，由于娱乐消遣形式多种多样，单一的媒介形式早已不能同受众日渐多元的信息、娱乐需求相匹配。正因如此，新媒体的发展适逢其时，因为更具包容性、互动性、即时性、超链接性以及开放性等特征，新媒体很快赢得了大量受众——它不仅迎合受众、适应受众新的生活方式，而且更形塑了受众新的信息获取习惯。以历史最为久远的阅读为例，新媒体的阅读载体相较传统媒体有了很大的变化，除了纸质化的载体以外，计算机、手机，甚至专门的电子书阅读终端等数字化设备纷纷涌现，彻底革新了阅读形式；并且，受众的阅读习惯也随之产生了变化，从精细阅读变为快速略读，即从"深阅读"演变为"浅阅读"。这种碎片化阅读的模式带来的开放性、多样性、娱乐性等趋势日趋明显，不免有人担忧阅读已从作者字斟句酌、读者孜孜以求的行为，变为如今作者不求甚解、读者浮光掠影的另类体验。虽然这种出于旧媒体逐渐走向没落的担忧在一定程度上有些悲观和消极，但它在某种程度上也反映了人们越来越依赖于新媒体传播方式的社会现实。互联网不仅改变了人们的信息传播格局，还改造了人们整个生活生产方式，而在改造中被抛下的旧媒体，无疑受到了致命的一击。

从"纸与笔""铅与火"的传统媒体，到"光与电""数与网"的新媒体，媒介形式变化的意义，不仅在于其所承载的更大量信息，更重要的是它所开创的可能性和带来的社会变革。也正是在这个意义上，加拿大传播学者麦克卢汉在20世纪就极具前瞻性地提出了"媒介即讯息"这一著名论断。"谁掌握了互联网，谁就把握住时代的主动权"，这句话对于融合发展语境下的高校校园媒体来说同样适用。

目前，很多高校的校园媒体与师生受众间的距离越来越远，这是校园媒体融合要改变的关键问题。新公共服务理论强调，重视人，而不只是重视生产率。这是把人的要素置于核心地位，把人作为考虑一切问题的出发点和归宿，强调充分尊重人，把努力满足人们多样化需求、实现人的发展作为开展公共服务的终极目标，是公共服务理论中人本精神这一核心内涵的要求和最生动的体现。作为一项公共服务行为，利用校园媒体开展新形势下的高校宣传思想与意识形态工作，要充分发挥校园媒体的服务功能，牢固树立以师生为本的工作理念，服务师生学习和成长需求。校园媒体只有秉承公共服务的人本理念，才能与师生更贴近，才能激发师生的内在潜力和创造精神，使得工作更有效、更深入。同时，公共利益是政府和公民共同负担和共同拥有的，并不是由政府来独自提供的。协同动机是多元治理主体参与集体行动的关键因素，也就是说在符合自身利益需求的情况下，治理主体愿意参与协同行动。"利益被整合的可能性，是协同治理的内生属性。"因此，校园媒体该如何为师生提供更有效的宣传内容，不是由政府、教育主管部门、高校来决定的，而应该要充分考虑师生的诉求。此外，"使用与满足"理论强调，要通过分析受众为什么去接触媒体，动机是什么，以及这些接触是为了满足什么样的需求，即要站在受众的角度，去考察信息传播给受众行为、心理上带来了什么样的效果，以此更好地进行有效传播。

因此，政府和教育主管部门要想利用校园媒体，抓好高校宣传思想和意识形态工作，就要深入了解师生在使用校园媒体时的所思、所求、所虑。在推进媒体融合的建设过程中，首先要研究好作为目标受众的师生的信息需求，以师生为本。只有真正做到以师生为中心，服务师生，才能真正与师生心心相通，实现最有效的双向沟通与传播，让师生在满足个人需要的过程中，清楚地知道组织的公共利益，并主动去维护和参与组织的建设和发展，从而加强宣传思想和意识形态工作。

在广泛深入地开展校园媒体融合的今天，我们必须要充分了解师生的需求和关注点，了解他们的媒介使用习惯。当然校园媒体要更好地发挥"引导师生、服务师生"的目标作用。不能单纯地迎合师生，政府和教育主管部门还需要根据高校思想宣传和意识形态工作要求，对师生的媒体消费方向、消费内容加以引导。所谓引导，即通过对某一方面的判断和挖掘，开拓新市场，让受众心甘情愿地跟着走，让受众主动关注媒体资源，获取注意力资源优势。对于政府和教育主管部门而言，就是创造性地借助校园媒体，将宣传思想与意识形态工作与校园媒体宣传有机结合，实现润物无声的教育与管理。

# 第二节　媒体融合特征及相应作用

## 一、多元性

### 1. 时代要求

媒介融合时代，传统媒体的内容日益呈现差异化、多元化的特征。媒介融合背景下，新媒体平台成为观点的自由市场，人们以比以往更自由的态度在平台上表达自己的观点，因此我们能看到媒介内容在朝着多元化的方向发展。人们在这种五彩缤纷的信息世界里不断获取信息，同时也传递着自己的声音。媒体开始摆脱"千报一面""千网一面"的传统内容生产形式，力求用差异化战略形成品牌独特性，从而在千万同质化内容中脱颖而出。媒介融合时代，获取对自己有用的信息才是人们使用媒介最根本的目的，也就是说用户对信息的需求更加个性化了。

融媒体上多元文化袭来，扰乱了大学生的思想，阻碍大学生正确价值观的和文化自信的建立。面对融媒体带来的挑战，我们必须用主流思想引领融媒体，加强核心价值观的培育。

首先，要以主流思想来引领融媒体。市场经济的影响下，有些媒体一味地追求流量降低了自己的审核标准，纵容拜金主义、享乐主义、功利主义等不良思想的传播，多元文化的冲击对大学生文化自信的建立产生了阻碍，也污染了融媒体环境。要想有效应对多元文化的冲击融媒体必须要克服市场经济中经济利益至上的固有弊端，减少这些不健康思想的负面影响，承担起社会主流媒体的责任，以社会主流思想来引领融媒体传播，大力宣传社会主流文化和中国优秀文化思想，在最大程度上抵消多元文化的不利影响，帮助大学生建立理性的文化观和价值观。

其次，培育社会主义核心价值观。社会主义核心价值观不是辞藻华丽、气度恢宏的长篇大作，它虽然只有简短的 24 个字，却在国家、社会和个人层面精准地概括出了我们的价值取向和理想追求。培育和践行社会主义核心价值观有利于大学生应对多元文化的冲击，树立正确的价值观。融媒体环境下，加强核心价值观的培育，要通过融媒体宣传正确的价值观念，从日常生活中的小事入手，让社会主义核心价值观深深地嵌入大学生的学习方式和生活方式，使他们不知不觉地用其指导自己的思想和行为，发挥社会主义核心价值观在引导思想和规范行为方面的作用，进而推动全社公共同践行社会主义核心价值观，营造良好的社会氛园，提高全社会的文化自信意识。还要注重发挥榜样示范作用，在融媒体上对各行各业做出突出贡献的人进行宣传，发掘他们身上的优秀品质和价值观念，让大学生感受到以正确的价值观为指导并虔诚地践行是正确的人生选择，有益于自身和社会的发展。

西方意识形态和文化的渗透，冲击着大学生的思想防线，瓦解了大学生的文化观念。抵御西方文化的渗透，应坚持弘扬社会主义主旋律，具体包含以下两方面内容。

首先，融媒体应加强爱国主义和集体主义宣传。当今世界西方利用其在网络领域的优势在融媒体上对我国意识形态进行渗透，在一定程度上影响人们的思想。尤其对大学生而言，他们的选择、判断能力较弱，政治立场不坚定，容易发生动摇，西方的文化渗透很容易使大学生怀疑自身的价值观念，转而崇尚外国的价值观念，阻碍他们正确价值观的形成，摧毁大学生的文化自信。面对西方的文化渗透，主流媒体要坚守舆论阵地，加强爱国主义和集体主义教育，筑牢人们文化自信的堤坝，使大学生自觉抵制西方的文化渗透和糟粕文化的侵蚀，将西方的文化渗透隔绝在外，坚定自身的文化立场。

其次，大力传播优秀文化作品。一方面，融媒体要始终坚持马克思主义、习近平中国特色社会主义思想为指导，始终坚持正确的政治方向。面对一些伺机诋毁马克思主义的错误思想，攻击和否定我国的政治制度和政党的敌对势力，融媒体要主动承担主流媒体的责任，坚决与这些错误思想和敌对势力进行斗争。另一方面，融媒体必须创作和传播优秀文化作品，提升融媒体创作的精神高度。好的文化作品可以振奋人、鼓舞人，能够削弱多元文化对大学生的消极影响，增进他们对主流文化的认同，让他们在优秀文化作品的影响下树立文化自信。近几年中国电影出品了越来越多体现中国文化思想和价值的电影，如体现爱国精神的电影《战狼》《我和我的祖国》《中国机长》等，这些表达爱国主义、社会责任的文化产品点燃了人们的爱国热情，增强了人们身为一名中国人的自豪感，也增强了大学生的文化自信心，同时提升了国家文化软实力和文化的国际影响力，大力传播这些优秀文化作品能够提高人们的文化自信心，削弱外来文化的消极影响。

2.产生影响

融媒体时代下，夹杂着多元价值观的信息可畅通无阻地进入大学生视野。从纵向上看，具有传统、现代和后现代烙印的价值观相互角逐，试图浸润大学生日常生活。首先，我国传统的价值观重集体，强调团体本位，相对应的具体行为方式是"集体取向"，特别是其中的义利观，譬如我国古代便有巨伯高义、关羽拼将一死酬知己等佳话，说明古代人民面临利益和道义的两难困境时，会做出舍生取义的价值选择。其次，由于融媒体促进市场经济产品的制造、传输和消费，我国便进入发展的"物的依赖性"阶段，人们更注重物质需要的价值追求。学生群体同样也受物质利益至上等价值取向的影响，个人相对主义较盛行，自由主义也随之甚嚣尘上，特别注重个体自由意识的挖掘和运用。融媒体时代下，大学生与他人的关系，大都以相互提供价值为前提，形成以契约为基础的社会性关系。因而，利益至上、个人相对主义、自由主义、契约精神、民主意识等在一定范围内成为现代和后现代的具体价值观。

## 二、联系性

在我国传统媒体推进融合发展所取得的成果中，不得不提的就是渠道的多元化。一直以来，"内容为王"被视为真理，但在媒介融合背景下，似乎还要加上一句"渠道为王"。当下，我国主要传播媒体的传播渠道花样翻新，信息流动已不单纯依赖于电视广播或者报纸这样的传统媒介。新兴媒体凭借其实时的传播速度、海量的信息内容、多样的信息形态、交互的传播过程、便利的信息检索，让信息无远弗届，成为传统媒体的借力点。传统媒体走上了台网融合、报网融合之路，利用官方网站、商业性网站及便携式移动终端，三管齐下，满足了用户移动化、多样化的需求。

当前，无论是信息技术的飞速发展，还是传播格局、方式的巨大变化，在新媒体时代，高校校园媒体要想取得长足的发展和进步，就要紧紧地跟随时代的步伐，在校媒融合发展的进程中顺势而为，积极主动地解放思想。创新观念，大胆地进行自我革新，勇于实践和探索。要清楚地认识到新媒体时代，过去那种各自为政、单打独斗、闭门造车的媒体发展模式已经不适合新形势下的媒体发展与建设。校园媒体要主动加强对外交流，改变自我封闭的状态，打破内部的藩篱，打破校际、社会媒体和政府主管部门之间的相互隔离的状态，要有主动拥抱新媒体、与融媒体共生发展的观念意识和有效行动。

媒体融合需要以与互联网发展相适应的思维方式作为主体思维，即互联网思维。在媒体融合时代，一定要牢牢树立以师生员工为中心的理念，在互联网思维的基础上，"面向受众，互动参与"，做出媒体融合背景下师生员工喜爱的校园新闻产品。在媒体融合的过程中要注重向受众学习，注重听取受众的意见和建议，充分考虑受众的需求。校媒要以师生的需求为中心，结合宣传思想和意识形态工作的开展，为师生搭建好集学习、服务和娱乐于一体的信息传播平台，同时注重信息搜集、生产、传递、反馈一体化，实现信息在师生群体圈层内"传得开"又"回得来"，形成师生之间、学校与学校之间高效互动的传播体系。可尝试利用"五四""国庆"等特定节日举办校园媒体文化活动，让师生、高校系统的校园媒体多参与到议题设置中来，把师生被动的"要我回应"转变为主动自觉的"我要回应"，拉近校园媒体与师生间的距离。同时，畅通信息反馈机制，及时掌握师生对新闻产品的反应、感受及相关需求，以便更好地生产师生喜闻乐见的新闻产品，使校园媒体具有更加强大的传播力、引导力、影响力、公信力。

## 三、互动性

平台互动化是传统媒体在媒介融合时代呈现出的另一大特点。社交平台在媒介融合进程中有着举足轻重的作用，社交媒体加速了媒介融合进程，正在潜移默化地改变着媒介生态。我国媒体在融合新闻的生产实践中逐渐意识到了这一点，对社交类应用投以关注的目光，并力图发展相关技术，使得社交平台和新闻传播平台能够更好地结合，以更强的用户互动性形成对平台的依赖。

## 四、创新性

媒介融合带动了传统媒体的资本整合，我国的许多传统媒体开始意识到资本运作的重要性，尤其是传统媒体，纷纷成立了各种产业投资基金或内部孵化基金，依靠转变融资方式重新迸发出活力。报业方面，比较具有代表性的有浙江报业集团，打出了"资本壮大传媒，传媒控制资本"的旗号，秉承稳健高效规范的核心投资理念，真正做到传媒控制资本，在资本运行方面做到更长远的布局，实现资本壮大传媒，从而使集团的主业建设与资本运作形成良性互动，为做大做强报业集团打下坚实的基础。

随着新媒体技术的迅速发展，用户与媒体的互动程度逐渐加强，对节目的参与愿望也越发强烈，他们不再满足于作为传播过程中被动的接受者，而更愿直接参与节目、感受节目。

# 第三节 新时代媒体融合发展

## 一、现实问题

### （一）专业培养模式不足

尽管我国有数量众多的新闻传播类学生，但不同专业之间却很少有综合的教育模式，造成传播学专业的学生缺少新闻素养，新闻学专业的学生对专业的传播学研究方法知之甚少。专业之间乃至方向之间的分野造成人才知识和技能的精专化，不利于培养融媒体时代下的全能型人才。新闻传播学不同于法律、经济学等学科专注于构建自身的逻辑体系，它是构建在社会环境和受众基础之上的，因此，新闻传播学专业的学生不能仅凭专业知识胜任全媒体领域人才的要求。此外，我国高校新闻传播学培养人才的模式与社会需要相脱节，理论与实践相脱节。在如今全媒体的社会背景下，记者已经不仅仅是文字工作者，同时需要使用摄像机、照相机、录音笔、VR 摄像设备等，需要成为全媒体编辑。他们需要应对微博、微信公众号和新闻稿之间不同的写作模式，这些技能需要通过实践操作而不是仅凭在"象牙塔"中的学习就可以得到的。另外，媒介的市场化运营需要学生不仅掌握新闻传播知识，而且还要掌握一定程度的媒介运营、新媒体技术等知识，但学校在这些方面的教育显然不足，造成了现实需要与理想人才的脱节。

### （二）人才流失严重

习近平总书记强调，人才优势是媒体优势核心。一支专业化的、稳固强劲的采编队伍，是校园媒体融合发展的有力保障。新公共服务理论强调人的主体价值性，要充分发挥公民的主体地位。政府与公民之间的关系，不再仅仅是新公共管理理论中的公民与顾客。要更加关注公民的利益和需要，积极地鼓励更多的人，通过履行他们作为公民的责任，成为公共领域真实的参与者。通过深入参与公共事务的管理，从而齐心协力、团结一致、主动作为，实现组织的公共价值和追求。同时，新公共服务理论还指出，要通过相关的激励机制，使得公民更好地参与到公共事务中。

2016 年 2 月 19 日，习近平总书记在主持召开党的新闻舆论工作座谈会时强调指出，媒体优势最为核心的是人才优势。要加快培养和打造一支政治坚定、业务精湛、作风优良、党和人民放心的新闻舆论工作队伍。虽然高校是知识分子会集的地方，是知识传播的高地，但是在媒体专业素养方面，与社会媒体相比高校校园媒体的从业人员无论是在总体水平上，还是在质量上，都与社会媒体有着很大的差距，这也成为制约高校校园媒体融合的一个重要因素。

由于校园媒体管理、运行和维护人员有限，因此，政府和教育主管部门在推进校园媒体融合时要合理配置人力资源。在融媒体队伍建设的过程中，要避免没有必要的横向交流，要打破学校之间、部门之间、校园媒体与社会主流媒体之间的交流壁垒，杜绝各自为战的做法，统一管理，协调使用相关人员和资源，才能形成工作合力。同时，要着力提升宣传队伍的媒介素养和新闻宣传工作水平。

在高校，学生在校园媒体经过一到两年的学习和实践锻炼，刚刚成长起来可以胜任基本的校媒工作，就不得不因为升学毕业等原因离开校媒工作岗位，特别是在每年的毕业季，高校学生宣传队伍就不同程度地出现青黄不接的情况。学生采编队伍的高流动性导致了校媒采编队伍不够稳定，工作水平也因此受到严重影响。在这种局面下，高校校园媒体融合发展变得非常艰难。在校媒工作的学生因为专业学习等问题，普遍存在没有系统学习新闻专业基础知识的问题。同时，对于开展好校园媒体工作所必需的文字、编辑、摄影、摄像、后期制作以及新媒体平台等相关新闻工作技能，熟悉和掌握的程度比较差，这就导致看似数量庞大的校园媒体学生宣传队伍中，能胜任媒体运作特别是融媒体发展建设工作的学生其实并不多。此外，教师宣传队伍也通常由没有相关专业背景的辅导员、专职教师、班主任、二级党组织宣传委员兼任，无法专业、专心地开展工作。在学校党委宣传部有新闻专业背景的工作人员，大都一人身兼数职，从校园媒体到对外宣传，从思想政治教育到精神文明建设，繁重杂乱的工作事务让他们只能完成基本工作，缺少改革创新的动力，这种情况在高职院校尤其突出。此外，针对校园媒体管理运行的专业化培训机会较少，专业学习时间缺乏，全能型人才严重缺失，缺乏专业教师指导和行业专家的培训。

我国传媒业不仅面临着人才培育的脱节，也面临着严重的人才流失。媒介融合，归根结底是人才对媒介内容、渠道等的融合，因此人才在这一过程中的作用是基础性的。但观察我国媒介融合的现状，可发现当下主流媒体的困境造成了传媒业人才的严重流失。传媒人才教育与应用之间的断层造成了新媒体人才的需求处于短缺状态，而已经在传媒业从业的优秀人员的加速流失更加重了主流媒体行业内从业人员的不足。

## （三）影响力较弱

我国的主流媒体不仅对内承担着舆论引导的职责，同时也肩负着树立良好的国际形象、实现对外传播、促进国家交流的使命，要做到这一点，首先就要提高我国主流媒体的国际传播能力，增强国际社会对我国主流媒体的信任程度。

从横向上看，我国存在着国内与国外的价值冲突。融媒体背景下，全球化进程在加速，各民族国家和地区的文化交往越来越密切，使得本土与国外文化背后的价值观争先恐后地登上全球化舞台而相互碰撞。可见，融媒体时代的到来，使学生面临纵向和横向的多元价值观。社会主义核心价值观主导地位的巩固与否，取决于人民掌握社会主义核心价值观的程度，作为未来建设者的大学生，需要深刻理解社会主义核心价值观丰富的理论内涵、本质以及具体要求。而上述多元价值观，大部分不与社会主义核心价值观要求趋于一致，若在部分没有准确价值判断力的大学生中传输，很容易致使其产生认知误差，因而较难达到培育的预期效果。

通过互联网和移动技术的飞速发展，新的媒体形式越来越多，人们的选择也随之增多。商业广告太多、虚假新闻泛滥、低俗信息弥漫这一类较多，说明在当代社会，主要体现为媒体商业化。不论是微信、QQ、微博等社交型媒体，百度、头条等资讯型媒体，小红书、京东等购物服务型媒体，还是抖音、快手等视频型媒体，腾讯、爱奇艺等综合型媒体都在改变营销理念，不断推出新的商业产品，加快商品开发进程。其利用付费课程、短视频分发、广告植入等服务来促进业务拓展，尤其是新冠肺炎疫情期间和疫情后，很多行业通过直播带货等提升业绩，实现行业间资源的互通有无，达到利益最大化和拓展客户来源的"双赢"局面。而媒体商业化的运营难免会出现一些负面影响，即带有个人主观价值判断的信息或随波逐流的同质化内容会充斥各媒体，大学生长时间处于此影响中，一方面，易使其逐渐不受集体主义、社会主义等主流价值观的影响，却出现个人相对主义、功利化等倾向，因而只关心"小我"世界，忽略"大我"世界，可能造成大学生公共责任感的缺失。另一方面，大学生很容易对公众事件产生公愤，易于被他人煽动，传播一些有悖于主流意识形态的消息。以上两方面情况都使大学生本身接收社会主义核心价值观的内容有限，在认可和理解方面产生偏差。这些表明相当一部分学生对社会主义核心价值观知而不信。

另外，融媒体背景下，媒体商业化的运作受利益驱动的趋势更明显，使得大学生对价值认同和利益认同产生价值困惑。因为就社会主义核心价值观培育而言，大学生被"号召"以理想化的价值追求来思考和行动，会片面灌输价值认同的概念，却忽略其自身的利益诉求，故而较难满足其物质和精神需求的统一。

这里我们要看到，不仅是我国主流媒体和对外宣传机构的外宣能力的不足造成了主流媒体国际传播能力不足，同时，因为西方和我国意识形态的差异，西方媒体往往戴着有色眼镜看待我国主流媒体，因而其中不乏偏见。但是，目前的世界话语体系是以西方体系为中心的，所以我们处在"边缘地位"。要改变这种边缘地位，只依靠媒体提高传播影响力是不够的，还需要政府出面，建立平等公平的国际传播体系，才能助力我国主流媒体建立一个良好、平等的国际传播环境，提升我国的对外传播能力。

### （四）管理体制不健全

#### 1.评估体系不完善

传统媒体因为管理体系的限制而无法发挥自身全部的活力，新媒体市场也充满了暗涌和礁石。传统的广播电视产业是传统的自建渠道，因此容易监管，能够保证信息的准确性与专业性。但是，在新媒体环境下，原先媒体的独占渠道被打破。凭借着互联网运营成本低的特性，传统的主流媒体似乎与新兴的商业媒体站到了同一条起跑线上。但是因为商业媒体和自媒体未必具有专业媒体的媒介素养和媒介伦理，难以对自身行为进行有效的规范，同时新媒体环境中又缺乏一种合理的管理模式，于是便出现了标题党、假新闻等乱象，对于网络环境产生了不良的影响。

传统媒体缺乏融合意识，媒体融合流于表面。有些传统媒体担心新媒体的繁荣发展会使它们退出历史的舞台，传统媒体从业者也将面临失业的境遇。但是以往事实证明，没有一种媒体因新媒体出现后就完全消失，它反而因其不可比拟的优势继续存在。很显然传统媒体似乎并不懂得这个道理，它们缺乏融合意识和宽广的胸怀，不能全然接纳新媒体并吸收它的优点，将新媒体视作竞争对手，与新媒体之间的融合只是浅尝辄止，这直接导致二者之间信息不能完全融通，运营模式僵化，内部内容和理念不能统一。试想各媒体之间各自为政，不配合融媒体的运作，他们发出的信息相冲突和矛盾，对文化的解读褒贬不一，这势必会混淆大众视听，消解人们的文化认同，不利于宣扬中国的文化和社会主流价值观。

#### 2.传播渠道守旧

技术融合为媒介融合提供了可能，随后而来的产业融合则是媒介融合的关键。过去的制造业企业一般只涉猎一个领域，传统的广播电视公司也仅仅专精于自己的固有渠道，不考虑产业链的延伸和扩展。但是，在媒介融合背景下的互联网时代，资本、产业、组织都开始整合，单一的企业经营范围已经无法满足企业盈利、行业发展的要求。现在，任意一家民营的媒介公司都可以从事硬件、软件和互联网业务，如果传统媒体再固守单一自有的渠道，不思拓展，忽视新媒体的市场作用，就难以在市场大潮中生存。固守旧有渠道的表现在于对互联网的作用视而不见，持行业内的保守思想，认为事业单位应以上级任务为主，忽视市场化的进程；坚守旧有模式和渠道，电视台仅办电视，广播台仅办广播，忽视互联网背景下多平台、多渠道的展现方式。部分媒体即使对现在的媒体发展格局有着深刻的认识，但是受限于传统的惯性思维，对于具体的改进路径感到困惑。

目前，高校陆续建立融媒体平台，但在内容、专业媒体队伍等方面存在一些欠缺。在内容方面，随着技术的迅猛发展，社会主义核心价值观的培育与践行使媒体得以融合发展，但媒体上并非在信息技术支撑下的原生内容，而是线下原有内容"上线"，其展现形式是"旧酒装新瓶"，即以数字信息技术展示传统内容，致使内容不够完整和集中。因而需要高校融媒体平台加大力度遴选、归类、整理碎片化的信息资源，使资源更加有组织和有更多价值观教育元素。为提升教育和宣传效果，内容的组织设计、整合优化应被高校专业媒体队伍重视。而在专业媒体队伍建设方面，部分高校尚未配备或处于起步阶段，发展较缓慢，因而信息资源无法有序化合并。另外，高校虽建立校园网、校园卡等基本服务，但在站式平台应用方面还存有较大改进空间，加上微博、微信等媒体平台的创新发展，使大学生依赖外部媒体平台的程度提升，一些不出寝室门的学生可能对融媒体平台的知晓度较低，在一定程度上阻碍社会主义核心价值观的传播。

## 3. 受众信息模糊

受众是信息传播的接受者，包括书籍报刊的读者、广播的听众、电视的观众还有互联网中的用户。宏观上受众是一个集合体，微观上却是具有一定相似性但又具有独特特质的个体。网络时代给受众带来了巨大的变化。早期的"魔弹论"认为媒介信息像子弹，可以直接击倒受众，媒介信息到达受众时可以产生巨大的、直接的效果。随后的有限效果论更加关注影响受众信息接收的中介因素，如媒介领袖、既有偏向等，得出了有限效果的结论。但是这一时期的受众理论无疑是按照 5W 模式推演而来的，仅仅关注媒介信息达到受众从而产生一定的影响，信息传送者的主体地位一直没有改变，这一点尤其体现在单一、效率低下的受众反馈和受众调查上。进入互联网时代后，受众这一概念得到了极大的扩展，受众不单单是被动的接收者，更可以成为主动的传播者。因此，在互联网时代，受众已经不单单是受众，而成为双向的"产消者"，这意味着受众身份的极大变化，体现了新媒体语境下受众的重要特征。

我国的主流媒体面对新媒体环境，依旧以传统思维对待受众，忽视了受众主动性和个人化需求的特征，这就导致现如今主流媒体的受众定位模糊和受众调查不足。

### 4. 舆论引导力弱

以互联网为代表的新媒体已经深刻地影响了当下的传播生态。新媒体在舆论生成和引导的过程中发挥着重要作用。在互联网尚未兴起之时，主流媒体是全国少有的具有全国和地区发声能力的机构，人们本身的传播交流空间十分有限。主流媒体可以轻易地设置一个议题，营造一种意见气候，从而生成和引导舆论。作为党和政府的喉舌，主流媒体强有力的舆论引导力是其凝聚人心的重要方式。但是，在互联网的环境下，公众可以在媒介平台上相对自由地表达自己的观点，意见多元的新媒体形成了一个新型的网络空间，对主流媒体的舆论引导带来了一定的压力。

正向的舆论环境利于大学生形成符合社会要求的价值观，而歪曲的舆论环境不利于其形成正确的价值观。社会主义核心价值观是符合社会要求的正确价值观，大学生对其培育和理性认知，必须运用前者引领认知方向。正向化舆论环境的建设需要高校融媒体规范传播秩序。其一，做好信息源头管理，设置信息传播负面清单，除与社会主义核心价值观方向不一致的信息，均可传播。其二，做好信息流通的过程管理，通过重视专业化媒体队伍的配备，及时引导网评，防止信息传播过程的曲解。其三，做好信息反馈管理，高校融媒体可开通大学生信息监督的渠道，从而使其为正向舆论环境的建设和发展建言献策。通过信息源头、过程、反馈管理，也为大学生认知社会主义核心价值观提供方向指引。正向化舆论环境的建设也需要发挥议程设置的功能，因为议程设置可实现"通过反复报道某类新闻，不断强化某类话题在受众心目中的重要程度"。因而高校融媒体应主动出击设置议程，让多个媒体相继报道与社会主义核心价值观相关的信息，提升其在大学生心目中的重要程度，也形成高校融媒体传播的强大攻势，使不良信息的影响力减小，从而营造校园正向化的舆论环境。

5. 新闻生产流程单一

在传统的媒介生产模式中，企业只需做好一种媒介产品的生产即可。而在媒介融合时代，不同形态的媒介形式需要对媒介内容进行深度的"精加工"，满足多样化人群和不同媒介形式的平台的需要。传统的内容生产模式已经无法满足这种需要了，这就要求企业重新找到自己内容的定位，重塑内容生产模式。

这是因为：①互联网时代的内容选择困境；②主流媒体亟须生产流程再造；③忽视"产消者"在内容产生过程中的作用。

## 二、原因分析

### （一）业务流程落后

目前，传统媒体的采编流程重组依旧是以传统媒介的眼光来看待媒介的变革。许多传统媒体人仍然仅仅把新媒体看作新加入的传播介质，轻视新媒体在对传统业务流程改造当中的作用，殊不知新媒体巨大的力量甚至可以从最底层开始彻底改变传统媒体的业务形态。

首先，媒介融合背景下的业务流程需要统筹策划。传统媒体一般只有一种媒体，或者两种流程很不一样的媒体（如电视和广播），因此部门划分并没有造成多少效率下降。但是，融合媒体渠道和平台极为丰富，单一部门不仅无法满足剧增的信息生产需要，而且容易造成人员和内容资源的浪费。只有致力于全媒体的传播，才能满足多平台多形态媒介产品的需要。因此，全媒体的采集流程出现了一体化的特点：先是根据不同媒介的不同特性和需求，明确共同的选题策划，确定采编任务；随后全媒体队伍采集适合不同类型的素材和信息，内容都录入数据库，不同媒介按需选取内容。

其次，全媒体生产的业务流程需要适合互联网表达的需要，因此采编环节就需要文字、声音、图片、视频等多种载体。为了适应全媒体采集的需要，同时降低成本，就需要可以完成多种类型媒介采编工作的全能型记者。

### （二）思想理念陈旧

尽管目前许多主流媒体都已经进入融合发展的阶段，但是囿于现有利益格局和既有观念，主流媒体对于自身在媒介融合环境下的发展信心不足，或者满足于主流媒体的主体地位，产生"不想干"的消极心理。

要破除这一局面，首先要解放思想，不再以传统的计划经济思想以及事业单位以完成领导任务为目标的行政思想为主要指导，树立"必须干"的积极思想，主动推动媒介融合工作的进行。也就是说，我国主流媒体应当成为先进、锐意进取的力量，不能固执于保守和守旧之路，寸步不前。

加强对优秀传统文化中有益思想的挖掘与传播。优秀传统文化之所以在浩如烟海的古籍中脱颖而出，时至今日还备受推崇，无非是其有很多闪光点和现代价值，要使古代先贤的思想发挥其时代价值必须对其进行深入挖掘。中华优秀传统文化犹如一个巨大的思想宝库，从中我们可以挖掘出"以民为本，为政以德"的治国思想，"天下兴亡，匹夫有责"的爱国情怀，"孝老爱亲，勤俭自持"的传统美德，"诚实守信，过犹不及"的行事法则。此外优秀传统文化中有益的思想借鉴还有很多，我们要加强对它们的深度挖掘和阐发。同时要利用人民网、数字报纸、微信公众号等融媒体平台，加强对优质文化内容的正向传播，这有利于削弱融媒体对部分优秀传统文化的负面影响，提高大学生对它的认知，使他们自觉吸纳其中有益的因素，涵养自身的文化自信。

其次，要破除传统媒体的本位思想和惯性思维。传统的主流媒体在自身渠道的内容创作、编辑、传播和表现形式方面具有丰富的经验和专业的水准，但是对于新媒体的相关业务并没有多少经验。因此，主流媒体习惯于拿传统媒体的惯性思维，用办电视、办报纸的方式去发微博，以及创办微信公众号，这样显然是无法做好新媒体相关工作的。"不敢干"的思想，导致主流媒体不敢采用新的思维方式和新的经营模式去办互联网媒体，就此裹足不前，无法做好新媒体业务。这就需要转变本位思想和惯性思维，不再拿传统媒体的思维去"套"互联网媒体，而是学习和创造出适应互联网的媒介产品和传播形态。

最后，要认识到传统媒体所面对的巨大危机，树立必须有所转变的决心。互联网和新的互联网媒体迅速发展，已经撼动了传统媒体的主体地位，对主流媒体产生了强有力的冲击。主流媒体已经不能再对互联网和新媒体熟视无睹了。如果仅仅满足于成为互联网内容生产的车间，那么主流媒体很可能会在新一轮的"智媒"发展潮流中被逐渐边缘化，不仅无法在舆论引导中占据主要的地位，更有可能在市场竞争中不断地遗失生存空间，甚至退出市场完全倒退成为财政拨款的事业单位。因此，对传统媒体来说，坚定媒介融合的决心，在媒介融合浪潮中抓住机遇，将成为关键的一步。

当前，内容同质化是高校校园媒体存在的普遍问题。相同的主题素材，各级媒体平台之间并没有很好地进行深耕细作、二次加工和创新创作，而只是简单地重复发送，未能形成自己的独特风格。校媒产品传播虽增加了覆盖率但传播效果没有明显改观。在很多高校，校园媒体管理者所谓的"媒体融合"，只是把传统媒体的内容简单地照搬照抄到新媒体上。比如，错误地认为将校报上的采访稿，复制粘贴到微信上进行推送，在纸质校报上放上几个微信二维码，在学校新闻主页上放上电子版校报就是实现了校报、网站、新媒体的融合，而在推进媒体融合真正需要的媒体技术融合、人员队伍融合以及管理运行机制体制融合等深层次融合上少有改变和探索，这深刻地反映出高校对媒体融合的认识不够、理念缺失。思想决定行动，媒体融合认识的缺位致使大多数高校校园媒体并未实现真正的融合，也就无法取得融合媒体 1+1＞2 的良好宣传效果。高同质化的内容和分散杂乱的校园媒体平台，也让原本师生关注度高的校园媒体渐渐黯然失色，让师生从"真爱粉"变成了"僵尸粉"。

高校校园媒体通常各自为政，缺少有效的沟通和交流。学校校级层面的媒体和其他部门的媒体平台、校园官方媒体和学生自搭自建的媒体、校际媒体间缺少交流与合作，不能很好地共享新闻素材、人力技术资源和传播平台，致使难以产出精品。费尽心力策划产出精品时，却又不能很好地在优质平台和更广阔的校园平台进行传播，难以形成宣传工作合力。而且，跨校媒体、与社会媒体合作等都还没有形成科学有效的区域联动机制。校际交流大多只是粗浅的学生联谊和交流，与社会媒体也仅限于一学期 1 到 2 次邀请媒体记者来校进行新闻宣传工作相关培训，缺少媒体各方面的深入交流。高校校园媒体仍然处于闭门造车的自我封闭状态。

## （三）新技术手段使用不足

人类传播的每一次跃进都与技术发展有着密不可分的关系。互联网技术更是带来了媒介传播方式的深刻变革，对主流媒体也产生了深远的影响。这种变革即使被称为"革命"也不为过，因为新的数字技术打破了传统单一的媒介形式，把不同类型的媒介融合在一起；同时，互联网特性使得受众的参与性大大增强，提高了受众的主动性；技术的发展也提供了全新的融媒体新闻形态，使得个性化的互动新闻成为可能；以云技术、移动互联网、便携式终端为基础的移动互联网让随时随地的新闻采编和新闻获取成为可能，GPS 位置信息让在场新闻真正实现，基于个人兴趣和位置的个性化新闻传播成为可能，这一切都离不开对新媒体技术的深层应用。主流媒体需要把握新媒体的流行趋势，不能一味满足于"两微一端"的布局。我国的互联网企业一直对把握互联网发展趋势具有很高的敏感度，已经不局限于满足，更是"创造"用户需求，新媒体未来的发展方向必将是智能化、多维度的趋势。例如不断兴起的"智媒"和物联网技术可能是新闻呈现的一个渠道，未来互联网的发展不再是仅有的几个平台的展示，更重要的是成为一种无处不在的环境。只关注内容创新，而忽视技术的发展趋势，将会使得传统媒体沦为媒体内容生产商，无法拓展和延伸产业链条，限制主流媒体的多元化和集团化发展。

### （四）传播渠道及内容瓶颈

随着新的技术日新月异，人们接收信息的渠道也得到了极大的拓展。除了传统的电视、广播、报纸以外，新闻网站、移动客户端、各类社交媒体也成为人们获取信息的重要渠道。渠道所带来的作用越来越重要，正因如此，业界常有"渠道为王"还是"内容为王"的争论。与此同时，主流媒体也正面临渠道危机。手机、社交媒体等多种平台都在分流主流媒体的受众，各类商业客户端、微信公众号使得互联网商业媒体"截流"了大量受众资源。没有良好畅通的渠道，即使主流媒体创作了大量优质的信息，也无法传达到受众，其他一切就无从谈起了。

除此之外，在传播内容上，融媒体的发展也出现了一些问题。首先，通过融媒体散布错误的价值观念。市场经济开放条件下，多元文化袭来并迅速占领融媒体空间，有的人在融媒体上恶意散布金钱至上、利己主义、享乐主义和功利主义等不良思想，这些不健康的思想与我国倡导的勤俭朴素、艰苦奋斗等传统美德背道而驰，易给大学生的价值观念造成严重的冲击，进而影响他们正确价值观的树立。还有的人在社交媒体上晒豪车、晒别墅、晒各种奢侈品，却从未展现过他们是如何通过努力得到这些奢侈品的，这使许多人只看到他们表面的荣耀，而忽视他们背后的努力，这很容易使大学生产生不劳而获和功利主义的思想。甚至使他们抛弃自己的原本的价值观念，盲目进行攀比，通过透支信用卡和借高利贷来满足自己的欲望，甘愿沦为金钱的奴隶。融媒体上传递出的这些错误的思想观念会在一定程度上冲击大学生的价值观念，阻碍他们正确价值观的建立，影响大学生文化自信意识的建立。

其次，外部势力利用融媒体进行文化渗透，大学生会受到不同文化观念和意识形态的冲击。一些西方敌对势力恶意利用融媒体向大学生输出西方资本主义思想，美化资本主义制度，鼓吹西方文明优越论。他们更是凭借其在技术上优势，通过融媒体宣传其电影和西方节日，对我国实行文化渗透。例如，西方影片中大多强调个人英雄主义、个人利益至上，而这正与我国社会所倡导和推崇的集体主义和集体利益至上截然相反。大学生如果长期受到这种观念的熏染，难免在价值选择中产生困惑。

## 三、应对措施

### （一）重视新技术

推动主流媒体的融合创新，必须重视技术的核心推动作用。我们已经在媒介融合的章节中讲述了很多技术领域的进步给媒介融合历程带来的变化以及它们为媒介融合的前景开辟的发展方向。我们认识到，无论是建立多媒体的传播平台，还是建立跨媒体的统一数字化管理流程，都离不开技术的支撑。

"技术赋权"才是媒介融合时代的技术能够在社会文化领域带来的最重要的变化。依赖技术和技术进步带来的影响，众多的用户都将体验"能发声""敢发声""通过发声起到作用"。由新媒体发展带来的技术赋权，将是对社会和大众的一次不可逆的改变，经历过"发声"尝试的大众不会也不可能再回到传统媒介的时代，这也将敦促整个主流媒体做出改变，即便这种改变很大程度上对仍以传统媒体为主体的他们来说是一次不破不立的艰难决定。所以我们也应该认识到，在我国当前的社会现实中，期待传统媒体，特别是传统主流媒体的主流内容立即进行颠覆性改变而彻底走向媒介融合思维、互联网新媒体思维，是不现实的，也未必是一种负责任的要求；但我们可以期待的是传统主流媒体的渐变，而这种响应媒介融合的渐变恰恰是技术赋权真正想要带来的社会影响力。

在传统思政理论课的教育教学模式中，案例分析、理论实践较难跟上时代发展步伐。而随着融媒体技术的创新应用，高校思政理论课教师能够通过超新星、网易公开课、慕课等 App 的下载及特定用户的订阅，收到推送的新闻动向和前沿教育教学问题，并以海量的舆论热点和实时事件丰富培育与践行的内容。当然，融媒体技术也可应用到教育反馈中，具体表现在可以即时掌握大学生的实际学习效果，也能够依据反馈的教育成效及时调整方案，既适应现代化教育要求，也进一步提升教育效度。

创新技术能够实现传统媒体无法开展的"一对一"传输方式，从而适应个性化传播。因为高校教师可通过融媒体创新的技术，全天候了解和观察大学生的学习习惯、认知水平、行为模式等，从而找出有针对性的教育方案，实施适应大学生喜好的价值观培育与践行活动。同时，高校教师也可运用融媒体技术汇聚词云，依据学生选择词云的特性进行分组，培养其合作意识，增进自觉性，一定程度上缓解教师培育与践行的压力，为改革创新提供效能。

## （二）构建多思维模式

诚然，我们也能够关注到在主流媒体转向的过程中，难免会经历"阵痛期"。主流媒体不得不远离自己经营多年的领域，进入互联网环境去面对新的内容生产与传播方式等的竞争。这一方面耗资巨大，另一方面也具有很高的资金风险。但是这些尝试绝不是没有价值的，主流媒体在之前的几十年内凭借兢兢业业的经营所建立的诸多优势也绝不是可以轻易被互联网等新兴媒介技术消解的。依托这些积累的资源，主流媒体在积极进入融合媒介的领域，开启转型之路的时候，能够创新拓展一种价值补偿方式，能够在保证主流媒体自身运行稳定可持续发展的同时进一步推动创新。下面仅就主流媒体转型提出几点建议。

首先，版权价值收入。长期以来，主流媒体参与投资或购买了大量电视剧、电影、纪录片及动画片等，对这些内容产品版权的占有是我国主流媒体的发展优势。当下，我国版权相关的法律法规日益健全，新兴媒体平台也逐渐具有了较高的版权意识，愿意依据定价对内容产品的版权进行购买。例如，很多电视剧集、纪录片等在经历几轮播放后仍然可以为在线视频网站带来不少的浏览量，因此视频网站通常乐于支付相关的版权费用。主流媒体应始终着力提升自我版权保护意识，持续加强版权管理的规范化，继续开发自持版权的经济和社会效益。

其次，规模效益。日前，在线视频网站自制剧集的火热吸引了诸多观众，但是冷静下来，我们可以发现，在"网剧"一片繁荣的景象背后，传统媒体在产、制、播的各个环节中仍然占据较大优势。传统电视台投资的电视剧，其规模收益往往是它们胜过目前"网剧"的关键因素。从电视剧集的构思、拍摄，到后期的分发，每一步都需要考虑并实现规模效益。当下传统媒体面临新兴媒体的巨大冲击，而合适的受众叠加策略则有助于应对新兴媒体的竞争，实现规模效益。这其中的关键在于视频内容的可删减性和可编辑性。依据不同媒体平台的特征对电视剧集进行删减和编辑，有利于其在各个平台的分发和传播，使得主流媒体可以较低的资金投入赢得更多的收入。

传统媒体环境下文化信息的传播，往往忽略受教育者的兴趣、爱好和个性化需求，对受教育者进行统一的文化信息传播，致使受教育者接收到的信息与自己的文化爱好不相符合，使他们对这些信息产生厌恶和反感的情绪，这无益于大学生的文化自信培育。我们在教育观点上通常讲究因材施教，就是因为每个大学生都是一个独立的个体，有着不同的心理特点和兴趣爱好，不能一概而论。例如，有的大学生对古代文化感兴趣，有的大学生热衷于现代文化，有的大学生则更关注社会主义文化，大学生们对文化类别的喜好各不相同，因此媒体对信息的传播也要考虑到大学生的个性，使传播的文化内容贴合每大学生的需求，助力大学生的文化培养。融媒体的出现克服了传统媒体信息传播的弊端，它凭借云计算、大数据的技术优势对大学生的浏览行为进行精准计算，根据大学生喜好的不同，在文化信息的传播的过程中注重差异化和分众化，推送更符合大学生兴趣爱好的文化知识，满足了大学生的个性化需求。

**（三）思想理念更新**

国际国内社会中主流媒体积极适应媒介融合新环境，因此从根本上修正媒介经营的理念和从全局上调整媒介运作的策略是极有必要的。改变原有的运作理念，目的是彻底贯彻实施主流媒体的融合创新战略，在融合媒介大潮的冲击之下，主流媒体不能抱有侥幸心理，以得过且过的心态试图在媒介环境中仅仅维持生存。当前我国主流媒体的地位和影响力依旧存在，但是为了更好地完成党和人民所赋予的使命，各主流媒体更应当与旧的传统媒介理念告别，积极投身到"互联网+"环境中，投身到依托各新兴技术建立的媒介理念当中，在利用技术发展新成果的基础上，实施传统主流媒体向新媒体倾斜转向的策略。放弃主流媒体在原有领域长期的建设成果和成功经验显然是不现实的，某些主流媒体所谓全面迅速倒向新媒体的尝试无疑也是对新闻媒体近几十年工作成果的一种抹杀。但是，为了更好地增强媒介自身的传播力，更好地与用户的媒介基础习惯相匹配，调整传播战略的行为可谓势在必行。

社会主义核心价值观立足融媒体时代，从现实世界文明成果中借鉴精华，以不断充实和发展自身，其内涵深厚，需要大学生从感性认知转换到理性认知。因而需要运用解剖式分析方法，即对一堆合乎实际的感性材料、思想进行分析，然后运用抽象的思维使大学生对社会主义核心价值观的认识从经验水平提高到理论水平，从现象到本质，理解其规律，实现从感性到理性认知。三个倡导可以是解剖式分析的内容，譬如，个人层面中关于友善教育，高校可以用融媒体开展多方宣传，让大学生了解从古至今友善的发展概述，尤其在融媒体时代下，友善的含义发展成多个分支：与自身的联系是善待被高度"虚拟化"的自己；与他人的联系是在虚拟社会的交流中坚持求同存异的原则；与自然的联系是和自然和谐共生；等等。当然，也要求大学生学会处理和集体的关系，引导其在与集体的联合中，不能信奉绝对的个人主义，坚持马克思主义人的社会属性，社会是个体的集合，而个人不能脱离社会，需要依赖于社会的物质基础和精神基础，也需要遵守现实社会和虚拟社会的道德和法律规范。而要融入社会，更重要的是诚信待人，以"言必行，行必果"的处事态度真正实现社会价值与个人价值的统一。这便谈到诚信教育，高校可在融媒体阵地播放诚信主题宣传片，尤其要以工作为视角，让大学生知晓不诚信行为带来的后果，从而使其意识到要从现在开始需养成诚信的行为习惯。谈到工作，便是敬业教育，其有三层次价值要求。首先是对待工作岗位的最基础态度，个人认同工作，把工作当作生存的手段。其次是把工作当作职业，随着能力的提升，职位会上升，薪资也跟着上涨，个人在岗位上乐于奉献。最后是把工作当事业，在岗位上精益求精开拓创新。通过三层次的逐级培育，助力大学生在工作中实现社会价值的同时，也助力个人价值的实现。而关于爱国教育，是前三者的升华。从友善诚信到敬业，做到任何一点，都是爱国的体现，都能够以实实在在的行动爱国。因而爱国教育，更应运用融媒体大力宣传，使大学生通过行动的凝练提升品质，促使其形成爱国主义情怀。因此，以剖析式分析方法，依托融媒体阵地，让大学生通过理性思维的深化和加工，将爱国、敬业、诚信、友善中丰富的思想加以去粗取精、由表及里设计优化，全面认识其联系，掌握其本质和内部规律，实现从感性认知上升到理性认知的目标。

### （四）传播渠道拓宽

主流媒体应该积极主动地拓宽传播渠道，提高技术水平，以新兴的互联网内容分发渠道建设为重点，利用新媒体和社交平台的优势，实现传播的互动性。在拉斯韦尔的"5W"模式中，传播渠道是信息传播过程中的重要一环，在当今这个信息社会下，信息传播的速度与渠道的畅通情况关系紧密，只有拥有多元而畅通的传播渠道，信息才能如开闸之水一般奔涌而出，信息的传播才能达到"遍地开花"的效果，实现人尽皆知。

改革开放之后，国内的相关政策逐渐放开了对广播电视领域的准入限制，原先的传统媒体不再占据完全地位。同时，随着互联网的出现，原先的广播电视通道不再作为唯一的传播渠道，互联网给予了民营资本庞大的机遇，各种网络平台纷纷涌现。传统媒体已经不再是唯一的内容提供商，一批像腾讯、爱奇艺之类的新闻、视频等多种综合服务提供商不断发展壮大，吸引了大量受众。与这些互联网企业相比，我国主流媒体在市场营业额上不及这类公司，同时，在新媒体互联网领域，主流媒体的市场占有率不容乐观。虽然我国为努力建设新型传媒集团做出了巨大的努力，但现在各个媒体之间仍然未能达到真正的融合互通。因此，虽然表面上我国的传媒集团整体规模有所增长，但是并没有真正发挥出协同效应。

　　大众平台是开放的，而开放性是融媒体的特征。近年来随着融媒体的快速发展，各媒体平台均成为不可忽视的部分。一方面，许多媒体平台打通线上与线下间的"任督二脉"，实现知识与情感的有效交互，方便大学生更好地理解信息，也增加培育与践行的渠道。另一方面，开放平台是许多媒体的共性，利于拥有不同个性的大学生在平台上发言，形成多元话语体系，然后媒体平台又可以将这些在社会主义核心价值观培育与践行中放大，实现高校师生跨越时空的交互，增强培育与践行的实效。

　　作为融媒体时代的新型社交媒体平台，微信是社会主义核心价值观培育与践行的重要渠道。融媒体时代，高校师生都使用微信，甚至有的学生配备两部手机。由于微信强大的功能，师生能够有效沟通。例如，教师通过建立微信群和学生充分互动，获取他们思想困惑的关键所在，然后利用社会主义核心价值观的现实逻辑帮助学生认清问题本质，达到疏导思想的目的。教师也可以通过学生发表的朋友圈，及时发现学生苗头性的思想认识问题，果断以社会主义核心价值观的实践逻辑帮助学生厘清自身发展动力和阻力，促进他们更好地发展。教师根据个别学生创立的公众号，也可以引导他们以社会主义核心价值观的理论逻辑回应自身的思想态度，帮助他们冲破思想的束缚，自主选择以社会主义核心价值观为价值追求。另外，微信还具备传输文件、分享信息等优点，部分高校已将微信媒体平台运用到学生管理中，这也是社会主义核心价值观培育与践行可供借鉴的地方。基于微信媒体平台，将社会主义核心价值观培育与践行融入高校管理工作中。总之，要开发应用微信功能，通过线上互动渠道，形成融媒体时代满足学生思想需求的教育互动模式，促进培育与践行。

　　除微信媒体平台外，《学习强国》App 是一个综合学习型媒体平台，以"网络百科全书"著称，因为该媒体平台学科门类齐全，平台包括政、经、文、法、史、生等门类，在准确性和完整性方面，新闻时事、理论体系、宣传思想、文化知识等内容均处于国内领先水平。该媒体平台也注重主流思想和正能量的宣传贯彻。该媒体平台以有组织、有指导的理念促进我国主流价值观的宣传，帮助广大党员正本溯源，认识主流价值观的深远意义。学习强国内容的不断拓展，也利于吸引渴望加入共产党的众多学生，因为手机端和电脑端不受弹出广告的干扰，海量文字、视音频资源均可免费学习，利用这种提供服务的综合学习型媒体平台，便于对大学生进行正向价值观的宣传引导，增进其认知认同。

# 第二章　图书馆发展概述

本章讨论了图书馆的发展过程，分为三个部分，即图书馆的产生与中国高校图书馆发展历史、图书馆性质、图书馆发展现状，通过对图书馆本身性质的了解，能对图书馆现阶段和未来的发展有更好的理解。

## 第一节　图书馆的产生与中国高校图书馆发展历史

### 一、图书馆的产生

#### （一）前提

图书馆是人类社会发展到一定阶段的产物，人类社会信息交流的需要是图书馆产生的前提，文献的出现是图书馆产生的直接原因，科学技术的发展是图书馆事业发展的根本动力。

图书馆产生的前提有两个：一是文字的产生，二是图书的产生。有了文字，有了记录文字的工具和载体，人们用文字表达的思想内容也更复杂了。当人们能够用文字完整地表达思想和感情，准确地记录事物的时候，最初的图书也就随之产生了。加之有了先进的印刷技术，社会中的图书数量增加了，社会图书数量的增加就产生了如何整理、如何保存、如何利用这些图书的问题。为了一定的需要将一批图书保藏起来的场所，就是最初的图书馆。所以，图书馆直接起源于保藏图书的需要。一般地讲，人们将图书以及图书以外的各种附着在载体上的记录，统称为文献。文献的外延要比图书的外延大得多。因此，图书馆的实际收藏对象，确切地说应当是文献、信息。而文字的功用是通过文献体现出来的，文献又是通过图书馆保藏、利用的（图书馆是社会上担负文献保存任务的主要机构），所以，图书馆既是人类文化遗产的保存机构又是人类社会文明的标尺。图书馆事业的发达与否，反映了一个国家科学技术、生产力和综合国力的发达程度。

## （二）演化过程

### 1. 古代图书馆

很难确切断定图书馆具体产生于何时，但可以肯定的是，它是随着文字的产生而产生的。用文字在天然实物（如甲骨、纸莎草、泥板等）上记录事物，就产生了文献。最初的文献主要用来记录政令、法令、外交文书、征供纳税、宗教仪式等内容资料，这些资料实际上就是当时社会生活各方面的档案资料，因而主要集中于王宫（或政教合一的寺庙）。档案资料文献一经积累就需要专门的收藏处所和专门的管理人员，这就产生了最早的图书馆和图书馆馆员。所以，人类历史上最早的图书馆也是最早的档案馆；图书馆和档案馆一体，依附于王宫或寺庙，文献的利用范围极其狭小。图 2-1-1 所示为某古代图书馆。

图 2-1-1　古代图书馆示例

### 2. 现代图书馆

现代意义上的图书馆，是伴随着社会文化和科学技术的发展而发展的，是一个循序渐进的过程，很难为它划分出一个明确的时间界限。现代图书馆主要有以下三种。

### （1）大学图书馆

现代社会文化和科学技术在文艺复兴后的 17 世纪飞速发展，学科专业的细化和科学研究的活跃，对西方大学的发展产生了深刻影响。大学的发展也带动了大学图书馆的发展。到 18 世纪时，在专业化和研究两方面均领先世界的德国，其大学图书馆已非常接近今天大学图书馆的模式——管理规范化、开放时间长、注重服务。到 19 世纪中叶，图书馆在大学已经拥有核心地位。图 2-1-2 所示为天津财经大学图书馆。

图 2-1-2 天津财经大学图书馆

（2）国家图书馆

现代意义的国家图书馆也在各国陆续出现，是在 17 世纪以后。欧洲的英、德、法、丹麦等国相继出现早期的国家图书馆。如 1753 年，英国建立大英博物馆，这个博物馆就是现在的英国国家图书馆——不列颠图书馆的前身。在英国的影响下，法国、奥地利、意大利、挪威等国家相继建立了国家图书馆。图 2-1-3 所示为中国国家图书馆新馆。

图 2-1-3 中国国家图书馆新馆

（3）公共图书馆

19 世纪中期，欧洲和美洲几乎同时开始建立公共图书馆，成为现代意义的图书馆走向成熟的最重要标志。1850 年以后，英国公共图书馆在各地迅速建立，至 1860 年，全英国已有 28 所公共图书馆。美国最早的公共性质的图书馆是 1803 年在康涅狄格州的索尔兹伯里镇建立的儿童图书馆。随后，1827 年，马萨诸塞州的列克星敦镇也建立了一家儿童图书馆。1833 年，新罕布什尔州的彼得博罗镇，建立了一所向全镇居民免费开放的图书馆。此后，公共图书馆陆续在美国各州建立开来。

现代图书馆是信息时代的产物，它已由单纯的收集、整理、利用文献的比较封闭的系统，发展到以传递文献为主的、全面开放的信息系统。计算机技术、高密度存储技术和数据通信技术在图书馆工作中的广泛应用，以及这三者的相互结合，有力地改变着图书馆工作的面貌。

## 二、中国高校图书馆发展历史

### （一）萌芽阶段

这一时期主要以京师大学堂藏书楼的创办为标志，开启了我国高校图书馆事业发展的先河；随后，在 1912 年清华学堂也创立了自己的图书馆。在其带动下，我国其他一些高校开始创办图书馆。该时期高校图书馆的创办，主要受当时资产阶级民主革命影响和先进文化思想的推动；尤其是马克思主义逐步传入我国并在我国迅速传播，一些高等院校作为马克思主义传播的主阵地，成立了大量先进思想团体、翻译组织，也从客观上推动了高校图书馆的创办。

### （二）起步阶段

伴随着 20 世纪初期晚清政府在教育政策方面的调整，高等学校教育有所发展。受晚清政府对教育的支持影响，一些高等学校图书馆事业也蓬勃发展：截至 1930 年，学校图书馆发展到 654 所，公共图书馆也达到 2068 所。这一时期，图书馆界人士将海外图书馆管理方面的理念引入我国，受美国、日本图书馆管理思想影响尤为深刻，创办了"中国图书馆学"。在图书馆管理人才方面，一些高校创设图书馆专业，专门培养图书馆管理方面的人才，图书馆正规教育初露端倪；"中国图书馆学"开办图书馆知识普及方面的课程及图书馆专业短期培训班，为当时图书馆事业的发展培养和培训了大批专门人才，有力地推动了我国高校图书馆事业的发展，高校图书馆的馆舍建筑、藏书、馆员素质和管理水平都有显著的发展。

1937年抗日战争全面爆发以后，我国高校图书馆事业遭受了灭顶之灾，前期高校图书馆事业所积累的成就遭到致命破坏，一些具有宝贵价值的馆藏也遭到掠夺；这一时期我国高校图书馆事业刚刚起步就遭到致命打击，整个抗日战争时期我国高校图书馆事业出现了严重的倒退。

### （三）发展阶段

这一历史阶段涵盖抗日战争胜利到1957年。抗日战争胜利之后，我国高校图书馆逐步得到恢复，在较短时间内馆舍重新修建、藏书迅速增加。新中国成立之后，高校图书馆事业稳步推进、健康发展。高校图书馆人才培养、专业开设、建章立制、藏书结构等方面迈开了较大改革步伐，开辟了我国高校图书馆健康、稳步发展的先河。

### （四）曲折前进阶段

1958年到1976年，是中国图书馆事业曲折前进的阶段。在这个阶段前期，由于受错误思潮的影响，造成了图书馆事业的失误和挫败。之后，中国图书馆建设事业执行了"调整、巩固、充实、提高"的方针，进行了内部工作的整顿，使图书馆事业得到了巩固和发展。

### （五）正轨道发展阶段

这一历史阶段涵盖1976年至1995年。党的十一届三中全会的召开，尤其是全国科学技术大会的召开，我国高校图书馆事业逐步恢复到正轨上。20世纪80年代以来，高校图书馆文献资源建设昂首阔步、信息用户服务迅速增加、管理水平逐步提升、日常管理逐步与世界接轨，各项管理事业日趋规范化、科学化和现代化。

### （六）新纪元阶段

从1996年至今，党和国家对高等教育和高校图书馆事业高度重视，加大在资金、政策、人才、技术方面的支持与投入，高校图书馆管理理论更加科学化，管理手段更加规范化。以我国高校图书馆逐步参与到国家数字图书馆项目的研究与开发为标志，我国高校图书馆发展跨入新纪元。

## 第二节　图书馆性质

### 一、职责作用

#### （一）保护文化遗产

图书馆的一项重要职责就是保存人类发展过程中产生的各种文明，也就是保存人类文化遗产，而这也是图书馆产生的一项根本原因。因为有了图书馆这一机构，人类的社会实践所取得的经验、文化、知识才得以系统保存并流传下来，成为今天人类宝贵的文化遗产和精神财富。

#### （二）教育职能

随着资本主义大工业的产生与发展，社会对工人的要求也产生了一定变化，要求他们要具备更多的劳动知识和劳动技能，图书馆从而真正走入平民百姓当中，担负起了对工人的科学知识文化教育的任务。现代社会，图书馆成为继续教育、终身教育的基地，担负了更多的教育职能。

#### （三）信息传递

对于现代图书馆来说，一项重要的职能就是传递科学情报。图书馆丰富、系统、全面的图书信息资料，成为图书馆从事科学情报传递工作的物质条件。在信息社会，图书馆的科学情报功能将得到加强。

### 二、馆藏职能

#### （一）资源收集

在图书馆工作中，一项最基础的工作也是最基本的功能就是文献收集。图书馆馆员首先要明确本馆的收藏原则、收藏范围、收藏重点和采选标准，了解本馆馆藏情况、文献的种类与复本数、各类藏书的利用率和使用寿命、哪些书刊可剔除、哪些书刊要补充等，此外还需掌握出版发行动态，然后以采购、交换和复制等各种方式补充馆藏。

#### （二）整理归类

文献整理是图书馆更好地管理图书，更好地提供服务的基础，包括文献的分类、主题标引、著录和目录组织等内容。文献分类不仅为编制分类目录和文献排架提供依据，也便于图书馆统计、新书宣传、参考咨询和文献检索等。文献主题标引是根据文献内容所讨论的主题范围，以主题词来揭示和组织文献的。文献分类和主题标引是揭示文献内容的重要手段，文献著录则是全面地、详尽地揭示文献形式特征和内容特征的主要手段，它便于读者依据该文献的各种特征确认某种文献，获得所需文献的线索。图书馆馆员把各种款目有序地组织成图书馆目录以展示图书馆馆藏。图书馆目录是检索文献的工具，也是打开图书馆这个知识宝库的钥匙。

## 三、社会价值

### （一）学习场所

进行学习的重要场所除了学校以外，图书馆是为数不多的良好学习场所。图书馆是学习的好场所，它有着安静的环境、宽敞的馆舍、浓厚的学习风气，营造了一种强烈的文化氛围，能给学习者提供良好的学习环境。无论何时何地，图书馆都是人类接受教育的理想殿堂。图书馆以公益性服务为基本原则，以实现和保障公民基本阅读权利为天职。

### （二）信息管理

图书馆承担收集、加工和管理文献信息资源的重要职责，是十分重要的社会部门。信息技术和网络技术的飞速发展，拓展了图书馆的信息收藏范围。图书馆的收藏形式日益丰富，由收藏单一的印刷型文献资料，逐渐成为收藏多媒体电子出版物、光盘数据库、网络信息等多种信息存储形式的完整的信息系统。

### （三）公益服务

社会公益性是图书馆的一个基本特征，从图书馆出现时就具有这一属性。这主要体现在图书馆无偿地为广大读者服务上。图书馆向读者提供平等的服务。各级各类图书馆共同构成图书馆体系，保障全体社会成员普遍均等地享有图书馆服务。知识一旦生产出来，几乎无须增加任何成本就可供全人类共享，不会因为使用而消耗减少。图书馆虽然不是知识的生产者，但其收藏知识的特征不变。知识一旦被图书馆所收集、加工、保存，同样几乎无须任何附加费用就可以向所有人提供。无论贫富贵贱，无论是大学教授还是平凡的打工者，来自社会各个阶层的人都能平等地使用图书馆资源。

## 四、素质教育功能

### （一）优势

#### 1. 规程要求

图书馆会根据学校的教学大纲，为学生群体提供获取所需知识的途径，使学生在图书馆得到基本训练，使他们可以获得使用文献资源的能力，引导学生养成终身利用图书馆的习惯，以便从图书馆获得知识和再教育。课堂教学虽然是获得知识、提高素质的主要形式，但由于受教材、教时的局限，教师只能将教材中最基本、最核心的知识传授给学生。许多相关知识需要通过课外学习才能进行补充和巩固。图书馆是知识信息的集散地，正好能填补课堂教学的缺陷，在这里，学生的自学能力、独立思考能力能得到充分培养，而这正是当前素质教育的主要任务之一。

#### 2. 物质条件

随着社会的进步，科学技术蓬勃发展，世界范围内的各种图书文献数量出现了大规模增长。新的科技手段不断得到应用，但是由于财力有限，青年学生不可能较为全面地拥有所有文献资源，因此，图书馆是青年学生拓宽视野、培养素质的最佳场所。21 世纪随着经济的快速发展，国家对图书馆工作不断重视和加强，对图书馆的机构设置、人员配备和条件保障等都做了具体规定，图书馆的软硬件有了极大的提高，这些都为图书馆更好地开展青年学生素质教育提供了强有力的物质保障。

### （二）形式

针对青少年学生的心理特点，图书馆可以开展多种形式的素质教育。

①读书报告会、学术报告。可以邀请有名望的人士举办讲座，对大学生感兴趣的问题和一些社会热点问题开展演讲，如历史、创业、文学、科技等领域的问题等，塑造学生的人生观、价值观，引导他们正确地认识自我、认识世界。青年学生的心理具有明显的可塑性和不确定性，正面的引导对他们的健康成长起着举足轻重的作用。

②知识竞赛。可以通过组织开展知识竞赛的形式培养学生的竞争能力和团队精神，如文学竞赛、体育知识竞赛等。青年学生一般都争强好胜，要给他们创造一些竞争的机会，增强他们的竞争能力，同时，也要给他们挫折经历，使其在今后的人生道路上能正确面对失败和挫折，提高心理素质。

③征文比赛。通过组织开展征文比赛，可以提高大学生的写作能力，同时通过活动可以扩大图书馆的影响力，激发大学生的读书兴趣，使他们可以形成良好的自学习惯。通过比赛，他们还能了解到别人不同的观点，对事物的认识进一步得到提高，从而促进思想成熟，克服自我意识不够稳定的缺点。

④科普教育。随着科学技术的高速发展，现代图书馆可以通过各种先进的教学手段对学生进行科普教育。例如，利用网络、多媒体进行前沿科学介绍，利用影视片鉴赏有益的文化艺术等，以开阔青年学生的视野，提高艺术修养。

## （三）方法

第一，通过开展文献检索课培养学生的基本检索能力。通过文献检索课以有效增强学生文献情报意识、培养学生掌握和利用文献情报技能。图书馆要积极和教务部门及有关科室协调，把文献检索课列为大学生的必修课或选修课。要让学生掌握手工检索工具，更要使学生学会光盘检索、联机检索和网络检索。文献检索课不但可以培养学生的文献情报意识和获取信息的能力，同时可以提高学生的自学和研究的创新能力，是"授之以渔"。在教学中要注意提高任课馆员的教育理论和教育技巧这两方面的素养，注意科学性和思想性相结合，注意知识积累和智能发展相结合，注意教学和科研创造相结合，注意统一要求和因材施教相结合。边教学，边积累经验，在理论联系实际上下功夫，做到教学相长。

第二，开展新书介绍和导读工作。要保证馆内新书及时介绍，并且要做到简明扼要，对学生关心的问题和社会热点问题应该格外注意。在对新书进行介绍和开展导读工作时，应该注重形式的多种多样，做到引人入胜。

## （四）教育类型

### 1.思想教育

高校图书馆是对大学生进行思想教育的重要场所。在传统教育模式中，专业课教育是高校教育教学的重点，这导致大学生将绝大部分时间放在专业学习上，而忽视了学校的精神文明建设和大学生思想道德素质的提高。随着我国市场经济的建立，对外开放程度的扩大，西方的文化价值观包括拜金主义思潮等，在大学生中产生了一些负面影响。在部分大学生中产生了思想迷茫、信仰危机、人文精神失落等现象。而大学阶段正是一个人的人生观、世界观、价值观逐步形成的重要时期。高校图书馆应以宣传栏、板报、新书导读、讲座等多种形式对大学生进行素质教育，引导他们吸取人类的一切优秀文化成果。

## 2. 文化素质教育

高校图书馆是对大学生进行文化素质教育的"第二课堂"。大学生要尽可能地丰富自己，不仅靠教师在课堂上传授的知识，还应该进行大量的课外阅读，通过这种方式有效地消化、巩固和加强对课堂所学知识的理解。高校图书馆作为大学生的"第二课堂"，实施文化素质教育，将与专业有关的参考书籍及时传递给他们，可以帮助他们了解本学科的前沿动态、发展方向，捕捉到新信息，获取新知识，提升自身的专业水平。高校图书馆可根据各院、系的教学计划，为大学生提供教学参考书，编制相关的导读书目，发挥自身馆藏资源丰富的优势，努力提高大学生的文化科学素质，拓展学生的知识面。

## 3. 心理素质教育

高校图书馆是对大学生进行心理素质培养的重要场所。当前正处于信息网络时代，这个时代的大学生思想活跃、兴趣广泛、思维敏捷、求知欲强，同时具备比较丰富的科学、文化知识等。但在他们的身上也存在着一些不足，他们由于缺乏社会和实践工作经验，缺乏生活的磨炼，往往容易产生各种心理障碍。

高校图书馆可以利用自身文献资源丰富的优势，引导大学生阅读有益身心的书刊，如引导他们阅读古今中外名人传记，以及有关调整人际关系、人与人之间相互沟通的技巧、心理咨询、心理健康等方面的书籍。还可以为大学生举办心理健康讲座，使学生从中汲取有益的营养，调整心态、锻炼和培养健康的心理素质和承受挫折的能力，使他们勇于接受挑战，易于适应环境的变化，自尊、自强、自立。

## 4. 道德教育

图书馆馆员的培育道德是人们对于自身所依存的社会关系的一种自觉反映形式，是依靠教育、舆论和人们内心信念的力量，来调整人们之间的相互关系的观念、准则等的总和。职业道德是道德的一部分。职业道德是所有从业人员在职业活动中应该遵循的行为准则，涵盖了从业人员与服务对象、职业与职工、职业与职业之间的关系。因此，一个合格的图书馆馆员，首先必须是一个社会主义道德的模范遵守者。道德的最高价值在于实践，所以图书馆馆员应一辈子身体力行。

图书馆馆员"应该是信息专家和信息工程师，是信息系统的建设者"。在当前这个信息化时代，手工编目、手工检索已经不再符合时代要求，图书馆馆员应该依靠现代化网络信息系统开展相关工作。图书馆馆员应提高使用计算机的能力，能迅速将物理介质信息转化为数字信息。图书馆馆员有了网上查阅信息的能力，有了检索数据库的能力，有了熟练使用各种工具书的能力，就能为读者提供快速准确有效的服务。要练好过硬的业务基本功，必须将图书馆馆员的继续教育制度化，鼓励馆员参加学术活动，鼓励馆员搞技术革新，鼓励馆员和读者共同搞科研。

### （五）实施过程

#### 1. 受众定位

图书馆是大学生素质教育的基础。面向大学生开展素质教育的主要目的，是促使他们更好地学习、工作和生活，为使他们成为合格的社会主义公民打好基础，为提高国民素质打基础。素质教育不仅要使大学生的思想品德素质、科学文化素质、身体素质和心理素质全面发展，而且还要使青年学生学会生活、学会处世、学会做人，培养他们自我发展的能力。素质教育的目标、任务和内容反映社会的需要和时代的要求，并随着社会的发展变化而不断发展完善，并不是固定不变的。同时，素质教育的实施必须依靠整个社会，形成学校与社会、家庭三位一体的动态运行机制。素质教育是一项未来事业，今天的素质教育为未来社会的经济发展和社会进步奠定国民素质基础，做好人才准备。

#### 2. 有机结合

在大学生的素质教育中，课堂教育、实践教育和图书馆教育是相辅相成、缺一不可的，这三部分内容构成了素质教育这一有机整体。图书馆教育贯穿青年学生在校时期的整个过程，具有主动积极性、灵活多样性和广泛深度性的特点，有利于学生自由调配时间。大学生通过多种形式与图书馆馆员密切接触，获取丰富的信息资料，构成完整、有用的知识框架。

#### 3. 多方位组合

图书馆是一项高校基础设施，是学校教育事业的一个重要组成部分，同时也是学校的文献信息资源中心。学校图书馆藏书并不是单纯的知识、情报的堆砌，而是一种文献资源，是经过精心选择和组织的适应特定功能要求的知识体系，是学校教育、教学、科研服务的物质基础。各个学校藏书量虽不同，但也包罗万象，涉及古今中外，涵盖每一个时期。教育、教学、科研的重点文献和各学科知识的普及性文献可以基本满足师生对图书资料的各种需求，伴随着师生的教学和学习生涯，能源源不断地提供保障。办好一个图书馆等于办好这个大学的一半，优秀的典籍、好的图书对人的素质起着潜移默化的教育作用，这种影响甚至深入人的灵魂。

### （六）现实应用

#### 1. 知识扩展

由于大学生日常的课程与实验安排较紧，专业课任务繁忙，用于提高思想修养、文学修养的课程开设得比较少，因此，图书馆在馆藏资源建设方面要合理而丰富。图书馆资源建设体系设置应在服从于教学专业设置外，还应针对学校的素质教育的目标，着重收集、订购处于学术前沿的各类著作和期刊，提高文学、艺术、哲学、历史文献的比例。这样，可以使学生根据爱好、兴趣、未来的发展方向等有选择地进行阅读、拓宽知识面、开阔学生的视野。

#### 2. 信息咨询

实际上，图书馆文献咨询导读是学校课堂教学的一种有效延伸，通过这项工作可以引导学生更多地开展阅读活动，使他们在阅读中掌握读书的方法和技巧，提高自制力，使学生可以随时随地地获取课堂上得不到的知识。可以充分利用各种方式宣传图书馆的藏书结构和特点，通过编制馆藏目录、新书通报、开展文献检索专题讲座和书评活动向学生推荐优秀书刊，把内容健康、格调高雅、思想性和趣味性很强的优秀图书作为主要的推荐书目正确引导学生的读书情趣和阅读倾向。

#### 3. 参与引导

引导学生参与图书馆的管理和服务。针对学生参与图书馆的管理和服务制定相关规则，吸引他们在课余时间积极协助和参与图书馆的各项工作，让他们负责书刊的整理、借阅和修补，宣传图书借阅规则、催还过期书刊、维护开架书库学生借阅秩序、督促学生文明阅读、打扫卫生等。通过相关规则的实施，一方面可以发挥参与学生的桥梁作用，向周围的学生宣传关于利用图书馆的知识，推荐优秀图书，及时反馈不同的借阅要求；另一方面可以培养学生的劳动观念和集体主义观念，满足学生参与社会实践的要求。

#### 4. 品德塑造

利用图书馆加强学生的素质培养。素质教育中一项重要内容是加强培养和塑造大学生的思想品德和个性人格。图书馆是学校的重要教育阵地，在订购图书和报刊时，一定要把好关，要订购那些思想上乘、格调高雅、内容精美的优秀书刊。除了需要大量思想政治教育的书刊外，对于古今中外的优秀文学名著和哲学、艺术书刊，都要有计划地、系统地购进。图书馆通过加强图书宣传工作，让学生对书刊产生广泛的兴趣，在学好专业的基础上，对古今中外、文史哲经，从社会科学到自然科学书籍都广泛阅读。优秀的书刊能满足学生对知识的渴求，美的熏陶能提高他们的情操，培养高尚的精神，建立良好的行为，引导学生自觉地求得个性全面发展，主动把自我推向未来的完美境界。

5. 设施利用

图书馆用户教育旨在增强大学生的信息意识，帮助大学生高效率地利用图书馆，快速掌握获取知识的方法和手段，善于鉴别和利用各种不同类型的文章，提高自学能力和创造能力。图书馆要不断更新用户教育的内容、方法、手段，特别要注意文献检索课的生动、有效。图书馆要利用自己现代化装备的优势，着重向学生介绍前沿学科的发展趋势、信息技术和新型文献的发展动态，培养学生强烈的信息意识和信息获取能力。掌握了文献检索方法，就等于掌握了开启知识宝库的金钥匙，对学生今后的学习大有裨益。图书馆作为学校课外活动的重要场所，创造一个良好的读书环境是非常重要的。一个宁静、优美、舒适、健康又充满文化气息的育人环境，能使学生置身于其中，受到潜移默化的熏陶和感染（图 2-2-1）。图书馆育人环境主要从两个方面入手，一是物质环境建设。它是图书馆的外在标志。在环境布置中要加强素质教育的强烈意识，营造良好的育人氛围，使图书馆环境文化与文化氛围和谐统一。二是人文环境的建设。它主要是指人际环境，它集中体现于图书馆馆员的精神风貌。教师的言传身教对学生的影响是巨大的。图书馆馆员在服务的过程中应做到育人先育己，不断提高自身素质，做学生的良师益友，以自己的学识、风度、个性、品德最大限度地表现出图书馆的良好形象，并成为学生自觉效仿的榜样。

图 2-2-1 图书馆内部环境示例

# 第三节　图书馆发展现状

## 一、建筑风格变化

新的时代环境对文化空间构造理念、展现与功能提出了全新的要求。在新空间设计理论的影响下，与图书馆功能相似的机构，如书店、博物馆等，创建了新型阅读及文化创意空间，与图书馆一起汇成了一股文化新风。

### （一）书店新型结构

实体书店是满足社会广泛阅读需求的一个既商业又文化的机构。传统书店几乎没有空间设计可言，仅是一个摆满了各类新书供读者挑选购买的场所。在网络书店、数字内容传播的冲击下，不少功能单一的书店纷纷倒闭。据统计，2007—2011 年，中国倒闭的民营书店有一万多家。与此同时，很多新型书店创新理念，转变经营思路和模式，实现了浴火重生式的发展，在完成机构目标的同时肩负起越来越多的城市公共文化空间的使命。许多实体书店通过唯美文艺的空间设计布局、功能拓展、文艺展览、体验及举行沙龙活动等路径，升级更新为体验创意式的新型文化综合体，成为城市文化地标，体现出独特的文化精神风貌，维系并持续拓展读者群体。而今颇受追捧的钟书阁、先锋书店、诚品书店、西西弗书店、卓尔书店、不二书店、纸的时代书店等皆是以书店为基础的体验式创意文化综合体的代表。

新型书店的建筑设计通常都很有特色，一般延请著名设计师精心设计，进而成为当地的文化地标。如苏州诚品书店位于金鸡湖畔，建筑师姚仁喜在设计时，将周围的客观环境和诚品理念充分融合，结合苏州园林湖水之间通透的视觉效果，设计了一个从东、南、北三个方向都能欣赏到不同风景的三角基地，同时在三楼设计了玻璃穹顶，形成了一个有光的广场，并且规划了能看到湖光的餐厅和露台。诚品书店北向入口设计了一个大型步梯，从空间功能上来讲，这个步梯既可以承担普通的步行楼梯的功能，又可以承担表演、展示或文化活动交流的功能。此外，步梯直接通向诚品卖场。一步一步向上走时，有一种朝圣感，寓意书籍是令人敬仰的精神殿堂。苏州诚品书店还在东门建造了水岸大道，借鉴苏州园林的理念，为读者提供天人合一的景观体验，使在此阅读和交流成为一种愉悦的精神享受（图 2-3-1）。

图 2-3-1 苏州诚品书店

西西弗书店持"参与构成本地精神生活"的价值理念、"引导推动大众精品阅读"的经营理念，以"阅读体验式书店"为主要经营形式，以满足"客群心理共性趋势需求"为目标，专业打造以物理空间体验为基础、以产品运营体验为核心、以服务互动体验为增值的"三位一体"复合体验模式。除书店本身，西西弗还打造了"矢量咖啡"、"Boo art life 不二生活"、"7&12 reading call"、《唏嘘》杂志等子品牌，以满足读者多元文化需求及增强读者文化体验（图2-3-2）。

图 2-3-2 西西弗书店

钟书阁将书店内部空间分为中央阅读博物馆区、童书馆、普通阅读区和咖啡馆等区域，用以满足读者的阅读和休闲需求（图2-3-3）。

图 2-3-3 钟书阁

## （二）图书馆创意结构

上海交通大学李政道图书馆是一座以图书馆、档案馆功能为主，兼具博物馆、科技馆、艺术馆功能，"五馆合一"的综合性场所，在空间构造上特色突出。图书馆外观为一座不规则的诺贝尔山的造型，隐喻李政道先生荣获诺贝尔奖的"宇称不守恒"理论，同时也鼓励前来参观和学习的读者勇攀科学高峰。全馆总建筑面积 6500 平方米，分为地下 1 层，地上 4 层，包括展览空间、阅览空间、办公空间等。其展览空间的主题为"以天之语，解物之道"，按照专题式编排，共分为问道、悟道、传道及超弦四个展区。天之语，是客观存在所传达出来的信息；物之道，是人类作为创造者，在不断地摸索和传承中发展出来的科学、文化和道德情怀。"以天之语，解物之道"是李政道先生一生的追求、感悟，也是展览区域想要表达和感染读者的主题。在展览空间中，摆放大幅画作和雕塑营造氛围，放置代表性藏品讲述故事，表达主题还充分使用各种多媒体设备营造氛围，增强互动性。此外展览空间还引入增强现实（AR）互动技术，通过 App 进行视频讲解、文字讲解和动画讲解，并进行虚拟现实（VR）合影和在线留言，用科技手段增加了展览空间的感染力和吸引力（图 2-3-4）。

**图 2-3-4 上海交通大学李政道图书馆**

上海交通大学图书馆思源阁于 2016 年上海交通大学 120 周年校庆之际建成，是一个极具视觉冲击力和精神感召力的阅读空间。该空间主要收藏和保存"交大人"的经典著作，展示交大师生的优秀学术成果，其设计分为"展区＋库区"两部分。展区以"崇先仰贤，思源致选"为主题，围绕学校"办学、教学、科研与人才培养"等核心活动，设计了"兴学强邦""名师硕儒""钟灵毓秀""学术翘楚"四个版块，分类展出交大人的杰出代表及其学术成果，形成一个展示"学人、学术、学风"全风貌的特色人文阅读空间。思源阁设计风格古朴雅致，巧妙融入了牌坊校门、登水桥等老交大建筑，具有浓郁的交大文化气息。此外，还充分利用"思源阁"这一具有独特感召力的文化空间推出了"交圈·师说""鲜悦（Living Library）""交圈·诗画"等活动。以文字说明牌的形式，揭示展区著作的思想内涵和价值意义，引导师生进行深度阅读，有效提升阅读效果。

清华大学图书馆的邺架轩于 2017 年 4 月 23 日正式开放，是清华大学图书馆与商务印书馆合作建成的一个书店型浸润式阅读体验中心。近百家出版社最新出版的近 30000 册精品图书在这里展出，设有清华专区、老北京风物专区、二十四史专区等专题书架。邺架轩区别于一般的书店，它更加聚焦思想文化领域，其目的在于希望清华学子有意识地培养自己、引导自己见贤思齐，使人文精神成为清华学生科技创新发展和进一步走向国际化的底蕴和灵魂。体验中心内层层的隔断与玄关设计让整个空间实现了私密与开放的统一。木制家具的装点、中国元素的运用、深色调的帷幕让整个体验中心更显优雅宁静，让读者能自在地寻觅好书，品味书香。邺架轩"服务阅读，引领阅读"的宗旨也使得其在未来发展的过程中不仅仅是清华师生"选书、购书的好场所"，更为大家带来"读书、品书的好回忆"。学校还邀请知名教授组成导师组，专门负责指导、组织学生的读书活动，开展读书沙龙和学术讲座，让邺架轩成为爱读书的清华人的好去处（图2-3-5）。

图2-3-5 清华大学邺架轩

## 二、运作形式变化

### （一）真人图书馆

#### 1.起源

真人图书馆又称活体图书馆。作为一种阅读推广活动，"以人为书"是这种活动的主要特征。具体来说，这是一种将个人的阅读行为立体化的活动。它把"人"作为可借阅的书，把人的经历与知识作为读者阅读的内容，把真人书与读者的交谈作为书的阅读方式，以达到鼓励交流、分享经验的目的。

（1）国外

真人图书馆活动最早出现于丹麦。在2000年春天，一个叫"停止暴力"的非政府组织在罗斯基勒音乐节上创办了一项新的活动，活动目的在于反暴力、鼓励对话和帮助参加节日的游客之间建立积极的关系，这是真人图书馆的雏形。连续4天，每天8小时，50多个不同的主题一共吸引了超过1000人参与活动，这使图书馆员、组织者和读者对这种活动的影响感到震惊。之后，该组织的成员之一罗尼·勃格，创办了"真人图书馆"组织，和其他成员一起在不同国家培训活动组织者，组织"真人图书馆"活动。目前，全球有超过70个国家成立了相应组织，开展真人图书馆活动。

（2）国内

在国内，"真人图书馆"的发展最早可追溯到2008年。当年，在上海交通大学图书馆承办的"数字图书馆前沿问题高级研讨班"上，美籍华裔图书馆学家发出在国内开展"真人图书馆"活动的倡议，并且与参会人员一起就相关课题进行了探讨。此后，有关"真人图书馆"的各种研究与实践逐渐开展起来。

国内高校图书馆首先采用"真人图书馆"进行实践的服务案例是上海交通大学图书馆的"鲜悦"（Living Library）品牌活动，首期活动在2009年3月进行。同年，上海同济大学图书馆在第五届服务月活动中，也推出了"真人图书馆"服务。之后，石家庄学院、广东外语外贸大学、大连医科大学、南京师范大学等大学图书馆也陆续开展了"真人图书馆"活动。

2. 运作形式

"真人图书馆"活动根据真人图书和读者的数量，可分为"一对一"、"一对多"和"多对多"三种类型。

在早期的"真人图书馆"活动中，以"一对一"的形式为主，即每本真人书在同一时间仅和一位读者进行交流。这种形式方便真人书与读者进行私人的、深度的交流。但是随着"真人图书馆"的发展，其主要活动目的由最初的反暴力、鼓励对话转变为经验分享和交流学习，"一对一"的活动形式限制了参与活动的读者人数，活动效率较低。"一对多""多对多"的形式在同一时间能容纳更多的读者，真人书与读者的交流、真人书之间观点的碰撞、读者之间的互相学习触发了各种交流与思考，在有限的时间、空间中读者接收到更多的经验，活动效果和氛围更为凸显，因此逐渐成为更常见的形式。

3. 特征

（1）主题范围广

作为活动开展核心的真人图书，其选择范围非常广泛。他可以是某个领域的专家，也可以是有独特经历的人，尤其是高校中本身就有大量的教师、学者，各种有特长的学生以及各行各业社会合作人士，这些都可以作为真人图书的来源。每本"书"可以分享给读者的内容来自个人丰富的经验和感悟，可以带给读者更为深刻的体验。

（2）互动性强

"真人图书馆"活动中，读者的阅读行为通过和真人图书的交流实现，真人图书的分享内容根据读者的提问而定，更有针对性。互动交流的形式易于激发读者的阅读积极性和提高阅读效率。

（3）操作性强

"真人图书馆"活动的开展关键在于真人图书的选择与读者需求的满足，活动的硬件要求不高，线下活动通常需要满足的硬件要求是符合活动人数需要的独立场所，而空间资源正是图书馆的优势之一。线上活动可以借助各种社交平台或者是现在蓬勃发展的直播网站等，这在网络发达、各类电子终端盛行的今天也是非常容易实现的。

4. 实施细则

"真人图书馆"活动的开展关键在于活动组织、真人图书挑选和真人图书管理三个方面。

（1）活动组织

开展真人图书馆活动，需要成立一个固定的活动团队，才能保证活动的有效持续开展及不断深化。在高校图书馆中，活动团队既可以由图书馆员组成，也可以是专门的学生团队，或者是馆员与学生共同组成的团队。在有了固定的团队之后，组织者需要根据调研和相关经验制定活动章程，保证每次活动的流程，从真人图书的征集挑选，到活动举行及后续管理都有可依据的规范和准则。

（2）真人图书挑选

作为高校图书馆，在挑选"书"的时候，选择主题及范围很广泛，同时由于读者类型固定，读者需求相对明确及统一，其选"书"方向大致可分为学业指导、人生导向、考研留学、艺术欣赏、科研工作等几大类。

（3）真人图书管理

真人图书也是一种馆藏资源，需要进行资源建设与管理。在活动结束后，按照详细的真人图书借阅规则，对真人图书进行编目，对活动交流内容中不涉及隐私、经活动参与者同意的内容进行记录、整理，使隐性知识显性化；通过各种平台，提供给更多的读者参阅，使资源的利用更加充分。另外，在开展活动的同时，随着经验的积累，不断探索活动的评价体系，使活动效果进一步提升。

## （二）图书漂流

20世纪60年代，一种新颖的书籍共享阅读方式在欧洲出现：人们将贴有特定标签的图书投放到公园、咖啡馆等公共场所，无偿提供给拾取到的人阅读，拾取的人读完后，根据标签提示将书投放到公共环境中去，供下一位拾取者阅读。2001年4月，美国人罗恩·霍恩贝克创建了第一个图书漂流网站，基于网络的快捷传播，图书漂流活动开始风行全球。

2004 年,春风文艺出版社将三本畅销书放出漂流,拉开了中国图书漂流行动的序幕。2005 年 11 月,福州大学漂书协会成立,标志着图书漂流活动开始走进校园。其后,中国高校图书馆也开始引入图书漂流的方式来拓展阅读服务,使书籍的价值在不断传阅过程中得到无限放大。南京理工大学图书馆自 2009 年起开始举行图书漂流活动。毕业生离校前夕,图书馆组织人员发起捐书活动。对获赠图书,图书馆进行登记造册,并让采编部择其适用者补充到馆藏中;未入藏的图书转到"爱心图书漂流架"进入传阅流程。两年时间内共漂流图书 4000 余册,其中约有 43% 的图书被学生反复传阅。由于活动取得了良好的成效,2010 年负责漂流图书管理的大学生读者协会在学校 80 个社团评比中获得十佳社团称号,位列第五。

图书漂流是增强城市、社区及学校文化氛围的一种阅读推广形式。实施图书漂流活动关键在于形成有效的漂流运作机制,包括漂流图书的主题类型、汇集场所地点、整理方法、放漂与回漂管理方法、志愿者支持团队管理与协作方法等。另外,重视宣传推广,以及与其他机构合作开展影响面较大的活动也是实施图书漂流需要关注的方面。

# 第三章　图书馆管理制度

本章讨论了图书馆管理制度，分为三个部分：管理制度原理、知识管理与危机管理。了解并把握图书馆管理知识，才能更好地运行图书馆。

## 第一节　管理制度原理

### 一、图书馆管理制度

#### （一）管理范围

现代图书馆系统是由人员、文献信息、建筑、设备、经费、技术、方法等要素构成的。这些构成图书馆系统的要素就是现代图书馆管理的对象。现代图书馆管理的目的，就是根据图书馆的既定目标，合理地组织这些要素，并择其最优的组合方法，使之成为一个互相联系、互相制约、互相促进的有机整体，最大限度地提高图书馆系统的功能，为广大用户服务。

图书馆系统，是图书馆工作作为一种社会分工而独立存在之后，人工构成的一个子系统。它是一个开放系统，与外界不断有物质、能量和信息的交换。人类增长的信息知识以及大批人力、物力、财力的投入是系统的输入；对外界提供的各种文献信息和服务是系统的输出；正是由于图书馆系统的开放性，它才有可能形成有序结构而被社会所利用。

#### （二）管理特征

1. 整体特征

把图书馆看成一个系统，图书馆的一切活动被看成一个整体。要使图书馆的一切活动处于良好的运行状态，应具备以下条件。

（1）现代的管理思想

要有效地实行现代图书馆管理，就不能因循守旧，安于现状，故步自封，津津乐道于已有的管理经验，而应该不断学习，勇于创新，开拓图书馆工作和图书馆事业建设的新局面。

（2）科学的方法和手段

应当对图书馆系统各层次、各环节进行质的划分并规定量的比例，逐步建立起图书馆系统各层次、各环节的数学模型，保证系统管理的有效实现。要根据工作目标和工作环节的分解，实行定额管理。工作定额是指每个图书馆工作人员在一定的时间内，保质保量地完成一定的工作量。实行定额管理是图书馆劳动组织的一个重要内容。通过实行定额管理，可以提高工作效率，保证工作任务的完成。另外，要辅之以行政管理和经济管理等多种管理手段，推动图书馆管理水平的不断提高。

（3）严格的规章制度

要使图书馆系统正常运行，必须有严格的规章制度。否则，工作无依据，办事无准绳，奖罚无根据。

2. 联系特征

图书馆系统中的各个环节、各个层次都是相互关联、互为因果的。因此，在解决问题时要十分注意事物的因果关系。例如，拒借率问题是图书流通工作中存在的重要问题，但产生拒借率，有文献信息资源建设工作方面的原因，也有文献整理与目录组织工作方面的原因，还有流通借阅工作方面的原因。要全面地分析各个工作环节造成拒借的具体原因，加强全馆各部门业务工作的联系和协作，建立岗位责任制，才能从根本上降低拒借率。

3. 平衡特征

图书馆系统是一个运动系统。在运动过程中，不仅要取得与外部环境的平衡，而且要取得动态的体内平衡。所谓图书馆与外部环境的平衡，即要求图书馆的全部活动目的都要与一定社会的政治、经济、科学及文化教育的发展相适应，从而满足多层次的社会需要。所谓图书馆内部的平衡，即要求各子系统的目标必须服从图书馆系统的总目标，保证图书馆与外部环境均衡的实现。如目录组织体系与馆藏文献组织体系间的平衡，备查性文献与流通性文献之间的平衡，建筑设备与日益增长的类型复杂的文献资料之间的平衡，人员配备与各项业务工作的需要之间的平衡等。总之，要努力实现图书馆系统各环节、各层次协调均衡地发展。

### （三）管理意义

#### 1. 时代的需要

当今，图书馆工作结构日趋复杂化，这使得图书馆的管理问题显得特别重要。科学有效的管理是图书馆工作顺利开展的基础。没有科学有效的管理，必然导致图书馆的分散、重复、混乱和浪费。图书馆工作的水平，说到底，就是科学有效地管理图书馆工作的水平。

随着人类社会的进步和科学文化的发展，图书馆的数量不断增多，类型不断增加，同用户的联系更加广泛。这说明图书馆已不是孤立的单个的存在，而是一个社会化的有机的整体。因此，需要通过管理密切图书馆与图书馆之间、图书馆与用户之间的联系。

#### 2. 资源的需要

信息广泛存在于自然界和人类社会，包括自然信息、生命信息、社会信息和机器信息。对于人类来讲，每时每刻都在传递和接收着大量的信息，其核心是知识。信息是动态的概念，它只有在流通中才能发挥作用。只有运用科学的方法加以管理，信息的价值才能得到有效的体现。

当前社会中，文献是主要的信息来源，是信息存在的一种物质状态。在文献量激增的当代社会里，要求图书馆对数量庞大、内容复杂的文献资料进行准确的挑选和科学的整理加工，以便及时将信息传递到用户手中，没有对文献信息资源进行科学有效的管理是根本不可能做到的。所以，科学有效的管理是有效利用信息资源的前提。

#### 3. 现代化管理的需要

图书馆组织管理的有效性和科学性，既是图书馆工作现代化的需要，也是实现图书馆工作现代化的基础，没有图书馆组织管理的科学化，也就无法实现图书馆工作的现代化。例如，要建立起拥有先进的技术和设备、能够迅速准确地将文献信息资料传递到用户手中的信息网络，就必须加强对图书馆工作和图书馆事业的科学有效的管理。没有科学有效的管理，不能提高图书馆管理水平，即使有了先进的技术和设备，也不能充分发挥作用。现代化信息网络的建设及网络作用的发挥，不仅取决于现代化的技术设备，而且取决于图书馆管理的水平。

## （四）管理原则

### 1. 总原则

"一切为读者"是图书馆管理的总原则。所谓图书馆管理的总原则，是指适用于所有图书馆（当然包括普通高校图书馆和独立学院图书馆），同时处于统率地位，发挥决定性作用的那种管理原则。为了达到这一原则，要遵循四大定律。

①第一定律：坚定"为一切读者"的理念。

②第二定律：每位读者有其书。

③第三定律：每本书有其读者。

④第四定律：节约读者的时间。

### 2. 具体原则

#### （1）全面管理

所谓全面管理，是指高校图书馆管理者对图书馆不但要在业务工作方面，而且还要在政治思想、机构设置、建筑设备、经费开支、学术研究、公共关系、安全保卫、清洁卫生、环境美化、工作人员的配备与选拔，以及业务技术工作的标准化培养（即包括统一分类、统一编目、统一数据存储格式和信息交换标准等）等各个方面实行科学管理。"全面管理"又是"全过程管理"，即不但在过程的初始阶段，而且在执行阶段，以致最后完成阶段等都要实行科学管理。倘若忽视全过程中的任何一个阶段，都不会收到预期的管理效果，尤其要切忌虎头蛇尾、前紧后松。为要实行科学管理，高校图书馆的管理者就必须树立全局和全面观点，胸中装的是全校文献情报大系统，心里想的是整个系统的全面工作，手中抓的是管理活动的多方面、全过程。只有这样，才能够更有效地实现管理目标。

#### （2）民主管理

这是我国图书馆事业管理的又一重要原则，也适用于所有高校（包括独立学院图书馆）的管理。所谓民主管理，就是吸收图书馆工作人员和读者代表参加图书馆的管理工作，图书馆可以建立有馆员和读者代表参加的民主管理组织。建立这个组织的目的是促进图书馆的管理水平，它在图书馆管理中起着参谋作用，其任务是：①对图书馆工作提出合理化建议和改进意见；②督促图书馆工作计划的执行；③对专业人员的安排和使用提出建议；④对领导干部的工作进行监督等。

（3）计划管理

图书馆的计划管理就是要发挥工作计划在管理过程中的作用。工作计划是根据客观实际情况和工作任务的要求，预先确定开展工作的目标、措施和步骤以及方法等。工作计划可分为全馆计划、部门计划或某一项工作的专门计划。制订计划必须从实际出发，留有余地。在执行计划的过程中要随着客观情况的变化对计划做适当的修改。如果工作无计划，就不能有效地组织业务活动。因此，正确地制定和执行各种工作计划是图书馆管理中不可缺少的环节。

## 二、管理思想演变

国内图书馆管理思想演变文章主要对 20 世纪以来国内高校图书馆思想演变进行分析。通过高校图书馆管理的概念我们可以看出，实现管理效率与效益最大化原则是高校图书馆管理思想的基础与核心。由于知识经济和信息社会的到来以及高等教育的蓬勃发展两大环境变量的影响，为从效率和效用两方面实现管理目标，必须做出全方位调整，着重在观念和结构两方面。20 世纪成为我国高校图书馆事业的黄金发展期，在管理思想方面经历了两次重要的变革：第一次是以封闭藏书楼向开放图书馆转变为标志，高校图书馆管理思想由传统条件下的封闭与半封闭向对外开放转变；第二次是以现代信息技术和互联网技术为标志，图书馆管理思想和管理职能发生重大变化，就此奠定了图书馆管理制度的基础。

20 世纪我国国内高校图书馆管理思想主要体现在以下两方面。

### （一）由封闭到开放

20 世纪，"开放"成为高校图书馆管理的主导思想，20 世纪初期，伴随着高校图书馆由传统意义上的藏书楼向现代图书馆的过渡，真正迈开了高校图书馆对外开放的步伐。但是这一时期的开放思想还具有一定的局限性，其"开放"的意义还仅仅局限在只是高校图书馆大门的开放。进入 20 世纪 80 年代，高校图书馆开始向具有现代意义的图书馆过渡，这个时候的开放才逐步具有全面性的意义：此时的高校图书馆不仅实现了馆藏资源的对外开放，几乎所有文献资源都可以面向读者，读者进入图书馆之后，可以走入书库、走进书架，与藏书直接面对面。20 世纪 90 年代以来，在互联网技术和现代信息技术的广泛应用条件下，高校图书馆的开放又被赋予了新的内涵。此时的高校图书馆开放的范围，不仅实体文献资源向所有读者开放，而且依托互联网技术和信息技术建立的虚拟馆藏资源也实现了全面开放，读者运用图书馆强大的信息库资源可以在图书馆任何地方、任何时间方便快捷地享用所提供的文献信息。我国高校图书馆开放思想经历了封闭、半封闭向有限开放、完全开放的演变。在这里需要指出的是，受 20 世纪我国国家体制的影响，高校图书馆从传统意义上的藏书楼到完全意义上的开放，期间经历了艰难的历程，伴随着开放与封闭的挣扎；藏书楼管理思想其封闭性根深蒂固，即使到了现代，真正意义上开放的高校图书馆管理思想中还能够依稀看到这种思想的残存。

### （二）由"以书为本"到"以人为本"

我国高校图书馆管理思想的核心由以书为本向以人为本思想演变。我国高校图书馆长时间以来在管理核心上始终坚持以书为本，并且这种管理思想长时间统治着高校图书馆管理模式，在这种思想影响下，高校图书馆在管理方法、管理模式中无不体现着始终以"书"为核心的身影。近代以来，伴随着西方先进教育思想传入，受近代民族资产阶级革命和新文化运动影响，高校藏书楼从传统上的贵族化走向面对普通读者的这一有限的开放，是对以书为本管理思想的一次猛烈冲击。这一历史时期藏书楼服务对象由贵族阶层向普通读者的开放，仅仅是有限的开放，虽然脱下贵族的外衣，但是图书在 20 世纪初期毕竟还属于珍稀资源，以书为本的高校图书馆管理核心思想并没有发生根本改变。进入20 世纪中期，尤其是新中国成立以来，党和国家实施的"百花齐放，百家争鸣"的文化发展方针，在很大程度上刺激了图书馆事业的发展，高校图书馆藏书数量有所增加。这一时期，高校管理依然采取的是高度集中的管理体制，在图书管理方面也采用了较为严格的保障制度。图书馆保管好图书，不让图书受损，为了让更多的人能分享书中的内容，这样的行为是无可指摘的。然而将爱护书籍当作"以书籍为本"，而不是"以读者为本"，这种做法就本末倒置了。中国几千年来的思想传统，让"书重于人"的思想延续了几千年。高校图书馆管理思想中以书为本的思想几乎延续到 20 世纪 80 年代。伴随着我国改革开放政策的逐步实施，高校图书馆管理模式上逐步实现开放化，"以书为本"的思想才渐渐转变为以读书场所和先进化设备为核心的思想，实现了由过去以书为本向以电脑为本的转变。伴随着社会主义现代化进程的加快，以人为本的理念逐步深入人心，高校图书馆管理思想也逐步认识到在管理过程中坚持人文科学精神的重要性，在管理思想上演变为尊重读者、尊重图书馆员、尊重人文精神和首创精神。

### 三、管理模式转变

高校图书馆以推动加强自身专业化建设为目标，在管理模式上突出人才战略，强化图书馆专业人才队伍建设。严格按照国家相关规定，高校图书馆在人才结构上逐步实现向多学科交叉的综合性人才队伍转变。当前我国高校图书馆从业人员中学历层次逐步提高，专业覆盖更加全面，推动了人员管理模式的进一步规范化。

## 第二节　知识管理

人类社会开始步入信息时代，信息化成为全球经济与社会发展的最显著特征。进入 21 世纪，信息化带来的社会变革进一步演进，信息化对社会经济的影响更加深刻。信息网络技术在各行业的广泛应用和不断渗透，加大了社会创新与转型。发达国家的社会发展开始向信息社会转型，并制订了具体的信息化发展战略目标。发展中国家也越来越多地意识到信息技术及资源的重要性，为了迎接新的时代浪潮，许多国家已做好准备应对新机遇和新挑战。信息化时代不仅带来了全球性的深刻社会变革，整个世界的政治、经济、文化、社会和军事发展格局也得以重塑。加快信息技术的创新与应用，已经成为世界各国的一致目标和共同选择。

伴随着信息时代的来临，知识管理理念也逐渐深入社会的各个方面。知识管理最早形成于美国，它源于企业界，并于 1996 年提出。信息科学领域和知识管理领域相互交叉、作用，共同为企业等组织带来变革。根据"DIKW 体系"理论，数据（Data）、信息（Information）、知识（Knowledge）、智慧系统（Wise System）四种要素存在层层上升、层层递进的关系。可以看出，知识管理是在信息管理和技术的基础上发展而来的，是信息管理发展的高级阶段，也是信息经济时代的一种新型管理模式。在此过程中，信息通过知识管理技术和信息技术，转化为知识。同时，在知识管理的应用和实践中，知识管理理论重新整合了组织所拥有的显性知识和隐性知识，使之成为可以再利用的、附加值更高的知识资产，这大大提高了组织的知识创新能力和竞争能力。因此，知识管理成为企业、图书馆等组织提高核心竞争力的有力武器。

在知识管理领域的先行者有美国、日本和欧洲。其中，美国处于最领先的应用地位，美国企业等组织普遍制订并实施浪费知识管理计划。据统计，1999年美国大约有 80% 的企业已经或开始实施知识管理。基于知识特性，欧洲非常重视不同知识客体的协同发展，将拥有不同学科领域知识的学者、管理人员和知识工作者加以整合、调整，形成和谐、有效的知识管理体系。欧美认为显性知识应占主体地位，而日本认为潜在的知识环境更加重要，这样有助于促进隐性知识的传播。

## 一、定义

目前，尚没有统一的知识管理定义，不同学者基于不同角度考虑给出了不同的解释。有的学者从知识转化角度给出，有的学者则从知识管理的字面意义加以解释。例如，邱均平和段宇锋认为知识管理主要是对知识及知识资源的管理。美国的生产力与质量研究中心则从信息时代的角度指出，知识管理是信息时代的一种管理策略。而中国人民大学的郝建苹则认为，知识管理既包括信息管理又包括对人的管理。

学者戴维·J.斯科姆早在1990年就对知识管理发展趋势进行了预测，他认为知识管理理论将从各种不同的管理原则演变为一个公认的标准化的体系原则，从组织战略规划逐渐向组织应用实践转变，从重视组织内部的各类知识整理加工转变为重视组织内外部的知识业务，从最佳实践案例发展到突破性实践案例，从数据库与知识编码转变为具有交易性的知识资产，从重视知识转化过程发展到重视知识应用对象，从知识地图到知识服务导航，从组织知识中心到组织知识网络，从组织知识社区到组织知识市场，从对组织知识进行管理发展到组织知识创新。

早期知识管理的鲜明特点是重视信息技术因素在知识管理中的作用。以信息网络技术为基础，知识管理的概念和理念不断在各行业和各领域渗透。在第一代知识管理的基础上，拉里·普鲁萨克于2002年提出了"第二代知识管理"的概念。他以第一代知识管理为框架，将技术地图、知识地图、文件管理和知识库等要素相结合，基于数字图书馆理念构建了知识管理系统。然而，他过分强调技术在知识管理中的作用，忽视了人在知识共享和创新中的作用，认为科学技术可以改变人在知识共享过程中的行为习惯，知识管理可以等同为信息化管理。之后的研究者开始对第二代知识管理的概念与内涵展开研究和修正。许多学者开始重视组织内部人员之间的各类非正式沟通，鼓励面对面的交流和接触，强调人与人之间的沟通、联系，建立相互信赖的知识共享环境提供良好的学习空间，以有利于共享并创造隐性知识，促使组织向知识创新型组织演变。整体来看，目前的第二代知识管理已经从关注技术转向重视人的作用，作为一门管理技术和管理方法，"以人为本"是知识管理成功实施的最根本理念。

## 二、功能

知识管理是促进知识创新和展开知识服务的重要组成部分，它直接涉及组织的研发和创新过程，有效地促进了组织知识的快速传播、扩散、转化和升值，在提高组织优秀人才知识技能的同时，也有利于组织将散落在各个部门和人员的知识及其成果转化为实际生产力，提高组织的核心竞争力。具体来讲，知识管理有利于组织重新塑造自身的组织文化。结合知识创新的重要作用，企业等组织可以形成善于利用组织知识的特色组织文化，将前沿性的创新知识和进步融入组织文化建设之中。通过知识管理技术和方法，组织可以将其重要的知识加以分类、整理和应用，使组织的重要显性知识和隐性知识都能最大限度地被挖掘和利用，从而提高组织知识的利用率，实现知识价值升值，提高组织的生产能力和抗压能力。不同来源和渠道的知识在组织中交汇、传递和流动，也有利于组织对竞争市场的信息有良好的把握；提高组织对市场危机反应的灵敏度，并提高其市场竞争力和核心竞争力；良好的知识管理还能够在很大程度上提高组织人员的知识文化素质和工作技能，提高员工学习和掌握知识的效率和效果，员工能够在较短的时间内学习最多有用的专业知识和组织文化，从而提高组织的整体竞争力和竞争优势。

## 三、基础理论

### （一）内涵

在社会信息化进程中，图书馆作为重要组成部分，国家规定了每个公民平等地免费享有图书馆服务的权利。我国教育部颁布的《普通高等学校图书馆规程》中也明确规定图书馆作为学校信息化和社会信息化的重要基地，是高校教育信息化的重要组成部分，也是社会信息化的主要组成部分。

伴随着社会信息的指数快速膨胀，各类信息量空前庞大，信息的杂乱性、无序性日益突出。信息过剩和知识匮乏同时存在，用户往往沉浸在信息海洋中，寻找合适信息经常是大海捞针，无从下手。同时，信息环境下图书馆用户对知识的需求，在广度和深度方面都有了极大的扩展。图书馆用户对图书馆资料信息的需求越来越个性化，对图书馆咨询服务的方式、数量、质量、时效等方面的要求也越来越高。这不仅要求信息技术在图书馆应用中进一步普及与应用，也要求图书馆对用户的信息服务意识进一步增强，更要求图书馆强化知识管理。

图书馆管理工作重心应该放在知识管理方面。当然，图书馆并非天然具有知识管理的理念、技术和方法。传统图书馆对报纸、书刊、音像、图画资料和数据库等知识和信息载体的整理与保管主要出于对人类历史文化的传承和保护，却没有从知识管理的角度深入研究。只有在图书馆的日常管理中实行知识管理制度，才可能利用现代计算机网络和信息技术进行知识创新、知识地图、知识仓库等知识管理工作。

图书馆知识管理是指现代各类图书馆应用相关知识管理理论、技术与方法，针对用户的信息与知识需求，合理整合、配置和使用知识信息等相关资源，来充分满足用户不断变化的需求，从而提升图书馆知识服务功能和核心竞争力。图书馆知识管理可以分为广义与狭义两个方面。广义上的图书馆知识管理是指图书馆使用大量馆内和馆外的资源，进行知识汇集、整合、处理、组织、储藏、交流、交易、传播和增值应用等一切与知识有关的管理活动，它既包括图书馆原始知识资本的管理，也包括对其知识运营、升值过程进行管理，其中可能涉及对图书馆物力固定资本、流动资本等有形资本的管理，也可能涉及对人力资本与知识产权资本的管理，管理活动还会涉及信息体系管理和知识管理之间的交流互动。它强调读者应享受到的知识服务。狭义上的知识管理主要是指图书馆内部知识的管理与应用，对知识的管理活动和过程与广义知识管理类似，只是更加强调图书馆知识资源的升值利用。也有学者基于知识服务和基于人本管理角度对图书馆知识管理进行解释。一方面，图书馆对其内部丰富的信息知识资源进行收集、提炼、组织、加工、开发、服务、传播，发挥其知识服务功能，以满足用户的图书知识需求；另一方面，人是知识管理的具体实施者和提供者，也是分析、挖掘和发现有用知识的主体。同时，人是图书知识尤其是隐性知识的重要载体。图书馆的知识管理应重视人的重要作用，在图书馆的知识管理中一定要以人为本。图书馆知识管理以人为本，可以应用员工掌握的先进计算机技术、网络技术和数据库技术，对图书馆的显性知识充分利用和创新，对隐性知识开展挖掘、分析和创新。

（二）类型

知识是图书馆知识管理的对象。图书馆知识包括显性知识和隐性知识两大类。图书馆显性知识是指能以文档、报告等形式存储在纸张等传统介质上，便于整理、存储、传递和分享的知识。它可以将馆藏的纸质的非电子化文献进行数字化和有序化，也可以对信息知识内容进行深加工，使虚拟网络资源馆藏化，以便建立数据库和知识库，为读者提供最合适的知识服务；隐性知识主要是以图书馆员工，图书馆用户，与图书馆有关的各类协会团队、部门和小组等个体和组织为载体的无形知识。这些知识是图书馆知识管理中最重要的内容，它以隐性知识的发现、挖掘、传播、共享和利用等为基础，实现知识创新和知识价值的最大化。它可以是从图书馆内部获取的隐性知识，也可以是个人或组织从图书馆外部获取的隐性知识。图书馆隐性知识可分为认知性知识、技术性知识、体系化知识和创新性知识四个层次。

图书馆隐性知识与显性知识在定义上有较大区别。隐性知识存在于人脑，源于经验，是无法表达的、直觉的、模糊的知识。它很难获得、复制和转移。显性知识容易准确定义、编码，易于在个体间传播，能够通过正式、系统化的语言以及文字等载体进行交流传播。显性知识是隐性知识的外部表象。而隐性知识是显性知识进一步结构化、显性化的必要前提和基础，两者相互依赖，可以相互转化，并在转化中提高知识的价值。通过将图书馆内部隐性知识加以展现，可以加强知识创新，加强图书馆的优势资源和核心竞争力。真正的图书馆知识管理主要体现在对其隐性知识的发现和利用中。通过知识管理，可以实现知识的有效交流、共享和创新。从整体来看，图书馆知识管理应用知识转化、加工等理论方法，充分利用图书馆内外部优势资源要素和条件，例如，图书馆的纸质图书文献、信息技术、多媒体数据库、知识库和知识网络平台，将用户所需的知识节点相关联，并有效地整合和配置，应用创新性的知识，为读者提供最优质的知识服务，在实现知识升值的同时，也达到社会服务的目的。

### （三）联系性

知识是图书馆的无形资产。图书馆知识管理与传统的人、财、物这些有形资产管理一样重要，应并行开展管理。虽然企业知识管理是图书馆知识管理的理论起源，但是两者的知识管理体系存在一定差异。企业知识管理重视对隐性知识的显性化处理，强调通过优化内部管理方法，对存在于员工身上的隐性知识进行有效开发、利用和共享。而图书馆知识管理的出发点和落脚点是源于用户对图书馆资源的检索需要，强调对图书馆显性知识的有序化组织与整理。当然，随着图书馆管理工作重心和服务理念由传统的信息文献组织向知识加工服务倾斜，对馆员所储备的知识和服务技能的挖掘、开发和利用也日显重要。学习和内化企业的知识管理体系，提升图书馆自身管理能力，对图书馆馆藏文献和内部组织两个方面的知识加强管理，是图书馆知识管理的双重任务。

### （四）时代性

图书馆知识管理顺应了信息时代的发展以及用户的个性化知识需求，具有鲜明的时代特征和独特的创新之处。从创新角度看，图书馆知识管理不仅包含知识管理内涵、理念、原则、技术和方法方面的创新，也包含着知识模式和知识系统自身的创新。因此图书馆知识管理本身就是一个系统、全面的创新。它通过在图书馆馆员之间建立相互信任、便于交流的开放式学习氛围，促进知识在图书馆中的共享转移和创新升值，实现图书馆知识体系创新。这一创新具体表现在管理模式、方法和内容三个方面。在管理模式上，图书馆知识管理突破了传统的线性垂直管理流程，以人为本，以用户为中心，建立起中心发射式网状结构，形成了良好的创新制度环境，有利于图书馆资源的升值。在管理方法上，图书馆不断更新管理理念和方法，调整用人机制、激励机制，培养员工竞争意识和服务意识，建立高效的知识管理和知识服务体系，通过知识转移、共享、转化等方法，实现知识的传播、加工和利用，为知识创新升值提供重要基础和支持。在管理内容上，图书馆通过分类整理知识内容、类型，融合各类知识资源，建立起针对用户的知识库和数据库，并不断优化、更新知识体系和知识创新流程，加强知识管理技术支持和人力资源支持，提高员工知识文化素质和学习能力，提高团队合作意识和服务意识，实现图书馆的健康、持续发展。

## 四、知识管理网络

### （一）关系

知识网络虽然是虚拟的、隐性的、看不见的网络，但它是存在的、有效的。构成知识网络的知识也多是看不见的，而在其中，比较容易被收集、利用的是显性知识，隐性知识占的比重较多，但是却不容易被发现，所以后续的整理、加工工作就更加困难。而利用知识网络，可以不断发现、整理和挖掘不易被发现的隐性知识和隐性资源，并将显性知识和隐性知识相互转化，不断完善知识、创造知识，达到服务图书馆等组织的目的。知识是一种宝贵的社会资源，构建合理、有效的知识网络，能为图书馆等组织实施知识管理提供基本知识平台。通过知识在知识网络中的不断交换和流动，可以实现知识增值和创新。同时，知识网络能为组织提供充足的知识储备和供给。

整体来看，知识网络与知识管理的关系主要体现在两个方面。

其一，知识网络是实施知识管理的基础平台。知识是嵌入在人类社会网络中的基本资源要素和重要组织资本。在社会网络中不断流动的知识，为组织价值和效益的提升提供重要基础。通过知识流动，知识不断转移和交换，其价值快速升值。借助知识网络，图书馆等组织能够分享、获取社会网络中的不同类型的知识，最重要的是能利用不易获取的隐性知识。知识网络不断创造新知识，提高了组织的知识竞争力和市场竞争优势。图书馆等组织的知识管理活动的重点是对隐藏在组织中的各种隐性和显性知识资源充分挖掘和利用，而知识网络提供了实施这些知识管理活动的重要平台。

其二，知识网络体现了知识管理以人为本的管理思想。知识管理的应用与实施会在很大程度上影响组织的绩效。国内外许多企业组织，例如惠普、联想等企业都十分重视知识管理。这种类型的管理重点在于沟通联系内外部的知识，但是这一系列的管理活动需要通过人与人的交往来落实，通过人与人之间的直接沟通、交流和接触来共享、转移知识。强化以人为本的管理思想对组织的内外部知识管理十分重要。而知识网络主要通过人与人之间的活动，运用知识方法来挖掘、组织和利用知识。每个知识节点往往渗透着人的因素。在人与人的交流作用下，能有效地组织和协调各个知识节点。再通过社会网络来沟通联结这些知识节点和知识关联，让知识能转移、沟通、交流。由此看来，知识网络是体现了以人为本的管理思想，实现知识管理的优化工具。

## （二）内容

知识是图书馆核心竞争力的主要体现，也是其获取竞争优势的重要来源。知识管理理论与图书馆相结合将会给图书馆界带来管理模式的改变和创新，提高竞争力，提升管理效率。图书馆信息管理的高级阶段就是图书馆知识管理，是图书馆历史发展、演变的更高过程，使图书馆从传统的文献馆藏扩展时期、针对馆藏开展管理时期一直到现在的图书馆知识管理阶段。在信息化的时代浪潮中，图书馆的知识管理充分利用了计算机网络技术和信息技术，图书知识数字化、网络化发展趋势明显。当然，在此背景下，图书馆的发展也面临着巨大挑战和竞争压力。与图书馆功能类似的许多网络信息服务商、供应商日益增加，图书馆不再在信息提供领域占主体地位。图书馆必须实行知识管理和知识服务这一最新理念，充分利用丰富的信息知识资源，为用户提供优质的知识服务，才能在激烈的市场竞争中立于不败之地。美国新墨西哥州立大学的图书馆馆长汤利认为，知识管理这一新兴研究与应用领域为图书馆等类似组织创建知识、改善组织效益提供了良好机遇。

当前图书馆的核心工作业务正由后台文献资源管理逐渐转变为面向用户需求的信息知识服务。从提升图书馆核心竞争力角度来看，应该努力推广知识管理和知识服务在图书馆中的应用。图书馆知识管理的主要内容包括图书馆学的创新和发展、图书馆知识管理系统的研究和完善。图书馆的隐性知识在提升图书馆核心竞争力方面发挥着不可替代的重要作用，有效支撑着图书馆服务水平和能力，决定着图书馆各类优势资源与要素的难以模仿性，也决定着图书馆发展的可持续性。因此，图书馆的服务、发展及竞争优势的增强依赖于其对隐性知识的管理。图书馆对其隐性知识的管理是近年来图书馆在知识经济大背景下提出的一种新观念和新应用，也是推进知识服务工作和加快知识管理体系创新的必然趋向。图书馆隐性知识管理，不仅要求建造和谐、共享的知识交流氛围，培养知识型馆员，而且要运用现代化信息、计算机等高科技手段建立起各种形式的知识网络和数据网络，营造一个知识管理的合作环境和文化氛围，充分挖掘不同载体形态的数据信息资源中的隐性知识，为载体间的知识交流和共享创造条件。

图书馆将其核心竞争力定位在知识服务后，根据用户的知识需求、存在问题和环境，以图书信息知识为对象，展开整理、组织、搜寻、挖掘、分析、重组等知识管理工作，为用户提供专业、有效的知识支持、应用和知识创新服务。图书馆知识管理在实践过程中，应该有侧重点，要把注意力放在培养馆员的专业知识技能以及收集和整理知识资源，真正将图书馆的丰富文献馆藏进行挖掘，最终转化为图书馆的核心竞争力，提升图书馆的社会价值所在。

图书馆知识管理可分为知识收集、知识转化、知识创新三个阶段。首先，图书馆针对可能的用户需要，利用内外部的各种渠道，采集不同类型的图书知识资源。其次，图书馆将这些无序的，甚至不相关的信息整理、整合，通过业务流程再造、办公数字化和网络化、客户关系管理、人力资源管理等手段，实现图书馆内的隐性知识向显性知识转化。最后，以用户需求为目的，通过信息知识的有序组合与关联，产生新知识，实现图书馆的知识创新，并通过文献传递等方式为用户提供相应的服务，从而让知识实现增值。

## （三）目的

图书馆知识管理的目的是根据图书馆的发展目标，采用知识管理基础理论、原理、技术与方法，合理地组织、利用图书馆的物质资源、技术资源、人力资源、关系资源、知识资源与组织资源等各种资源，最大限度地提高图书馆系统的知识服务功能，更好地满足社会不同用户对图书馆的信息知识需求，促进社会与图书馆之间、用户与图书馆之间、图书馆与员工之间、员工与员工之间的和谐发展。图书馆应用和实施知识管理能够提高图书馆适应社会环境变化和科技发展的要求，提高图书馆为包括学生、教师在内的广大民众提供知识服务和知识共享的社会能力，提高图书馆自身的软硬件建设和工作效率，提高图书馆利用知识和创新知识的能力，并最终提高图书馆的社会竞争能力。

## （四）定义

计算机网络和信息技术的快速发展以及用户对知识需求的增加，都要求图书馆进行服务和知识创新，以提供高效的数字知识、信息服务。这一目标的实现需要图书馆实施知识管理，实行创新化服务，而这一创新模式的实行，需要依靠知识网络。同时，图书馆知识管理环节中的知识组织、知识开发、知识创新和知识应用等管理活动，在知识网络的支持下，可以使这些管理环节有序而高效地运行，以真正达到图书馆知识管理的目的。这些管理环节可以实现知识信息的收集、整理和有序化，构建知识库及知识评价体系，进行知识创新，实现知识共享。这些要求的实现离不开知识网络。知识网络下的图书馆创新服务和知识管理，是图书馆未来发展的趋势和方向。与一般的知识网络相类似，图书馆知识网络也存在很多不同类型或属性的知识节点和知识关联，借助知识节点对知识获取、收集、加工、储存、创造、创新、传播和应用等活动，知识网络得以高效、合理地运行，并对图书馆知识管理施加影响。只有合理地构建、运行图书馆知识网络，才能整合图书馆的参与者，建立知识库、数据库，才能进行知识交流、知识生产等一系列活动，创造新的知识，加快知识流通，让图书馆能进行知识创新和服务升级。

图书馆结构的变化会影响知识网络的构建，图书馆知识网络可分为外部知识网络和内部知识网络两种类型。在图书馆建成、运行的最初阶段，内部知识网络占据主要地位。

## （五）服务机制

实际上，图书馆实施知识管理过程中容易遇到许多困难和问题。为了保证图书馆知识管理的有效运转，图书馆有必要建立相应机制。图书馆通过从外部环境获取优质知识资源和有利的环境条件，与环境形成互动，以适应环境、利用环境和改造环境，提升图书馆的核心竞争优势。在图书馆深刻认识知识服务本质、馆藏资源、办馆规律、图书馆组织文化等特点基础上，最大限度地发挥图书馆的信息资源、人力、物力、财力的作用，充分利用馆内外一切可以利用的条件和机会，优化组合各类知识资源，最有效地实现图书馆知识服务目标，促进有竞争力的图书馆知识管理系统的形成。在图书馆信息资源、人力资源和技术资源的有效整合、利用下，适应用户需求和图书馆发展要求，构建和形成特色明显的图书馆知识服务产品、信息知识服务机制、信息网络服务平台、信息知识服务方式、信息知识服务内容，与用户形成良好的合作和服务关系，推动图书馆知识管理的良性运行和持久竞争优势的形成。当然，支持图书馆知识管理水平和质量持续提高的因素，还应充分考虑图书馆组织结构、图书馆文化等关键因素。

### （六）组织构架

在信息经济时代，整个社会的组织结构呈现柔性化、扁平化的发展趋势。与这一发展趋势相适应，图书馆组织结构也应进行组织结构创新，改变长期以来按部门职能、专业业务、文献知识载体形式和文献学科内容等传统的直线式和严格等级制的组织结构，这种多层次的部门划分，很不利于知识共享和知识创新。重新设计图书馆的组织结构，建立一种以知识为基础的，有利于知识交流和应用，且能适应现代信息网络技术发展的新型组织结构。组织结构创新是图书馆实施知识管理、推进知识服务和创新的组织保障。当然，图书馆组织结构创新要以图书馆组织内外各种信息知识高效、有序地运作为出发点，结合图书馆馆员拥有的信息、知识、智慧、经验和技能，分析知识管理各环节的知识流规律和用户知识需求，建立能有效实现图书馆内外用户交流沟通的机制。图书馆对原有职能部门机构进行功能整合和结构调整，应支持以组织知识沟通的便捷性、图书业务关系的合理性、知识管理人员文化水平与其职责的适应性、知识管理活动的应变性为原则，把握用户需求与图书馆服务能力相匹配的最佳切合点，以最大限度发挥图书馆馆员的专业技能和使用图书馆的文献资源，提高图书馆的服务水平。

随着图书馆各项业务和服务范围的不断拓展，原有的机构设置将导致许多新的业务工作无法归口。一些职能部门的职责、权限划分不明确，重新梳理部门关系，重组业务机构势在必行。在组织结构重组方面，图书馆应充分考虑业务发展和知识服务需求，通过业务拆散、合并、归口、设立等多种形式，重新明确各部门的职责和功能，建立一个结构合理、职责明确的组织架构。

传统金字塔式的图书馆组织体制最大的弊端就是中间组织层次过多，无法适应环境变化，同时在应对不同情况的时候，也缺乏灵活性。图书馆知识共享要求强化主体观念，弱化等级观念。简单的扁平结构可以使图书馆馆员较平等地共享、传播和学习知识，形成开放式的、学习型和成长型的图书馆组织。图书馆还应有足够弹性，努力建立面向项目或任务的工作或研究团队，促进跨组织、跨部门的合作。

具体来讲，图书馆应根据用户的知识服务需要，建立职能与项目相交叉的混合型组织结构。一方面，调整图书馆原有职能部门，以适应环境和用户需求。另一方面，在图书馆主体框架下，建立一些以知识管理为中心的、动态的、灵活的项目工作小组。将这种临时性项目工作组与相对稳定的基础职能部门相结合，通过信息网络等技术，将各项目工作小组与部门有机联系起来，形成一个有效的工作网、知识网和人际网，为图书馆知识交流和知识创新，提供有效的组织形式。

### （七）主管制度

图书馆知识管理涉及知识收集、加工、存储、使用与创造等知识工作，这些工作多数由各职能部门分别执行完成。这种分散式的管理模式不利于图书馆实施知识管理。图书馆必须将这种分散的、隔离的全部知识进行整合。因此，图书馆可以设立知识主管来解决这一问题。知识主管对图书馆全部知识和知识活动进行整合，用统一的制度、政策来对图书馆的知识管理活动加以规范，让图书馆知识能更顺畅地传播，提高知识分享的效率。

## 五、学习型图书馆

学习型图书馆适应了图书馆知识管理的发展需要。它通过各种有效的技术、途径和具体措施，促使图书馆培养其馆员终身学习的习惯，并通过激励等措施，激发馆员个体的知识潜能和创新能力，提高自我实现价值和知识价值，不断带动图书馆的创新与进步，以形成良好的图书馆学习氛围与图书馆文化。学习型图书馆应该具有能够体现组织学习的一些特征。例如，组织连续不断的学习活动、亲密的合作交流关系、彼此联系的知识网络、知识共享观念、知识创新发展精神。运行良好的学习型图书馆，能够加强图书馆的核心竞争力，提升图书馆知识管理水平，也有利于建立充满活力的知识工作团队。

图书馆可从以下几个方面加强学习型图书馆的建设。

### （一）团队建立

图书馆通过教育和培训，加强员工的学习、交流和创新意识。通过记录日志、交流座谈会、电子公告牌、网络论坛、文化沙龙等多种沟通方式，完善图书馆内部沟通机制。学习型团队可以提高馆员广泛参与知识管理和沟通的积极性。通过图书馆有关规章制度的引导，馆员可以树立学习的价值观和信仰。在良好学习氛围的影响下，图书馆通过无拘束的知识交流活动，培养馆员互相学习、友好共处的习惯。

## （二）理念培养

图书馆可以根据现有的规章制度，鼓励全体馆员努力学习，并给予公平的学习机会。图书馆的领导者更应该设法建立一套完整的馆员进修、学习和教育制度。对于馆员通过继续教育，逐渐培养其终身学习理念，使其学习能力增强。

# 六、现实实践

本部分以下新加坡国际图书馆管理局知识管理实践为例进行论述。

## （一）概况

新加坡国家图书馆管理局（National Library Board，NLB）是新加坡图书馆的最高管理机构，其管理着 48 个图书馆，包括 1 个新加坡国家馆，3 个新加坡区域馆，23 个社区馆，1 个学术馆，14 个政府机构服务馆和特种服务馆，6 个社区儿童馆。新加坡国家馆服务对象面向所有年龄段的人群提供服务。特种服务馆可以为即将生育的妈妈提供一种服务，如"出生即阅读"服务。新加坡区域图书馆从馆内面积上，至少有 1 万平方米，藏书量大约 50 万册，借阅人次和来访人次为 230 万左右。新加坡的社区图书馆多数都设在居民社区服务中心或购物中心等地方。新加坡社区图书馆的馆内面积一般在 3300～5000 平方米。但是，设置在购物中心的新加坡社区图书馆应该是这个面积的一半。由于这些图书馆设置在购物中心，读者非常多，要超过普通的社区图书馆。

## （二）具体操作

新加坡国家图书馆委员会开展正式与非正式的用户调查，建立管理中心组反馈机制和一站式中心网站，充分实施知识管理。一方面，成立图书馆发展组建立学生新闻资讯、虚拟社区和信息数据库，推广终身学习和知识交流。另一方面，图书馆使用先进的设备，采用多媒体终端技术，升级网络管理系统，外包图书馆业务，结合新加坡服务质量组，评价知识管理工作。

### 1.建立反馈机制

新加坡国家图书馆委员会经常在一些公共图书馆开展正式与非正式用户调查，收集社会公众对图书馆知识服务、图书馆馆藏资源与设备、各类新的图书服务等方面的反馈。通过整理这些调查反馈，其结果作为评价馆员知识服务行为的标准。

2. 建立中心网站

新加坡国家图书馆委员会集成众多公共图书馆的馆藏资源、联机书录和传统的图书借阅服务，建立了中心网站，为用户尽可能提供一站式服务，例如续借和预约。

3. 成立发展组

新加坡国家图书馆委员会为监督图书馆新建项目和服务计划，专门成立了图书馆发展组。图书馆发展组的参与，可以使一个图书馆建设项目的经验与教训得到积累，并应用到下一个图书馆项目计划，大大缩短了项目完成时间。例如，原来一个新建图书馆项目需要一年的时间，这个组参与后一般只用 3 ～ 6 个月时间。为满足新加坡学生、教师和公众的需要，新加坡国家图书馆委员会专门开发了学生虚拟社区，利用图书馆信息馆藏可以为学生提供在线文献资源，并提供与学校课程相配套的学习方案技巧。同时，新加坡国家图书馆委员会创建了新闻快讯数据库，为用户提供能够找到常见问题解答（FAQ）的数据库。用户还可以对答案与参考源进行索引。馆员也可以利用这个数据库快速为读者提供参考咨询服务，甚至提供更深层次的客户化参考咨询服务。

4. 系统更新

采用先进信息网络技术与设备，更新计算机管理系统，引入多媒体终端。新加坡国家图书馆委员会花费约 660 万美元对原有计算机管理系统进行更新，设计出了更便于读者使用的视图界面。这一系统不仅能提供快捷、简单、有效的联机书录系统，还可以帮助读者执行自制式（Do It Yourself, DIY）文献检索。此外，新加坡图书馆还引入多媒体终端系统，将图书馆数据库和互联网中心相关信息公布给公众，公众也可方便地访问这些非印刷的、网络化的、数字化的信息资源。

根据图书馆读者对借还书高峰期等待问题，新加坡国家图书馆委员会购置了 3M 公司的自借设备，使读者可以完成自借手续。这一做法既解决了图书馆的计算机终端数量和人员的不足问题，也有效避免了读者等候半小时或更长时间而产生的不满情绪。在还书方面，新加坡国家图书馆委员会采用红外线技术，自动处理用户归还的图书，完成还书手续，以减少读者在服务柜台前的等候时间。借阅者咨询工作站的引入，也因为这些终端可以帮助读者检索他们的流通记录并支付罚款或其他原因引起的费用。

5. 建立数据库

为促进图书馆最佳项目实践、操作程序和方法在馆员中间顺畅流动，保证馆员主动获取所需的项目知识，新加坡国家图书馆委员会建立了项目方案数据库，以记录项目团队员工的贡献和项目进度的完成情况，成功跟踪各类图书馆项目计划，并可评价馆员的工作行为。为了了解用户需求，确保图书馆知识服务的快速与发展，需要调动图书馆内部馆员的交流与反馈。为此，新加坡国家图书馆委员会实施了项目团队改进建议方案，对馆员提出的每条项目建议都给予奖金。通过共享图书馆员工的知识创造力和最佳工作实践，改善馆员服务行为的活动，新加坡制定了一致的工作标准，以规范图书馆知识服务。

6. 业务外包

图书馆将多数图书文献加工外包给出版者等外包商，图书馆的分编加工员不用花费太多时间处理新文献。图书馆借助现架图书上的条形码、分类号码和磁条，外包商也可以将一些图书馆感兴趣的图书资料推荐给图书馆。图书馆对新图书文献的选择和处理变得更加快捷方便。新加坡国家图书馆委员会还加入了新加坡服务质量组，对图书馆用户服务、馆藏资源建设、知识管理与财务、内部设施装饰等建立规范的工作或服务标准，以确保较高的服务效率与效果。

7. 学习交流

为提高图书馆馆员的操作技能和学习能力，新加坡国家图书馆委员会专门实施了馆员终身学习计划，开展"学习无止境"等类型的研讨会。同时，图书馆邀请不同领域的专家参加这些研讨会，探讨馆员及图书馆如何克服学习障碍与保持自身竞争能力等问题。此外，新加坡国家图书馆委员会还每两星期召开一次公共图书馆馆长会议，并以简报、对话等知识交流方式，使图书馆之间、部门管理者与部门员工之间加强对话与交流。

# 第三节 危机管理

## 一、图书馆危机

与其他公共场所相比，图书馆的灾难事故发生率较低，致使许多图书馆员安全意识淡漠，存在很大程度的侥幸心理。但是近几年我国灾害事故呈上升和蔓延趋势，图书馆并不是世外桃源，所以图书馆应彻底摒除"天下太平"的麻痹思想，树立防灾理念，加强防灾意识，真正做到安全重于泰山。图书馆作为人们获取知识和信息的公共场所，人来人往，流动性较强，人员复杂；图书馆内书籍、设施大多都是易燃物品；许多图书馆珍藏大量的文物和古籍；随着图书馆现代化和数字化的实现，增加了大量的网络、电子设施，这些都是灾害的潜在危机。所以建立完善的防灾体系和反应灵敏的应对措施，对于图书馆是相当重要的工作。

图书馆因为自身工作的特殊性，其安全工作难度较大，主要表现在：大量的纸质文献和木质家具，防火工作难度大；大量的电子文献资源，对计算机网络安全要求高，病毒防范工作难度大；读者众多，人员进出频繁，管理不便，防火防盗形势严峻。单凭图书馆无力也无法独自完成这一任务。所以图书馆防灾要与社会各界沟通、联动，整合各种力量参与构建图书馆安全。由于图书馆平常工作性质较为单一，与政府部门和社会团体接触交流不多，易形成孤立的外部环境。所以图书馆要广泛地参与社会活动，通过沟通，了解彼此工作情况，加强理解以协调关系。要以政府为纲，以社会各界为目，纲举目张，以期充分开发和整合社会中的公共安全资源，在防灾减灾中实行资源共享，一方有难，八方支援。一旦灾害发生，在图书馆与政府之间，图书馆与相关部门之间，不能有任何的"脱节"和"盲区"。

## 二、危机管理意义

### （一）管理需要

图书馆作为一个为人民群众提供信息和学习的公共场所，加强危机管理、建立突发事件应急机制，就是把加强行业安全管理，提高公众服务水平，应对突发事件纳入法治的轨道，以建章立制的形式，将图书馆有可能遇到或出现的危机事件告知工作人员和读者，对工作人员和读者进行危机教育，增强群体防范意识、明确工作责任，消除图书馆员与读者在灾害发生时的恐慌心理，提高科学、理智、迅速地处理各种突发事件和复杂局面的能力。

### （二）安全保护需要

图书馆是本单位或本地区的信息汇集地，是人流高度聚集的公共性、学术性服务场所。各类读者根据自己的需要，到图书馆检索文献、获取信息，开展自主性、创造性的学习与研究。读者来到图书馆，图书馆除了为读者提供幽雅、舒适的学习环境和优质的服务外，还要对读者负责，包括对读者的人身安全负责，不能让读者在图书馆学习、检索文献、获取信息中受到任何伤害。

## 三、突发性危机事件

### （一）预防

#### 1. 意识树立

危机意识是危机预警的起点，而在和平稳定时期，人们往往缺乏危机意识。虽然近几年许多商场、剧院、网吧、学校等公共场所公共危机事件频发，但是作为读者云集的图书馆还未出现过特别重大的危机事件。因此，图书馆界对突发危机事件普遍缺乏高度的警惕性。同时，某些管理者往往受传统思维惯性和认识盲区的束缚，过于相信图书馆的安全性和抵御各类危机事件的能力，未能做到居安思危。由于组织管理者的粗心大意、过分自信和麻痹大意而导致原本只有很小的苗头演变为大范围的突发公共事件的事例比比皆是。

#### 2. 预测防范

要预防危机，首先要在日常工作中将所有可能会对图书馆造成潜在威胁的突发事件（灾害源、灾害体）一一列举出来，并加以分类，考虑其可能造成的后果，设计应对的预案，估计预防所需的花费，并应当把这样的组织行为变成组织惯例，以便事关安全的各项信息能得到适时更新，如果信息及时得以监测，损害就可在一定程度上减轻甚至避免。

#### 3. 危机识别

当危机进入前兆阶段时，如果能够及时处理的话，则整个危机局势仍可以转危为安。在突发事件危机形势彻底爆发之前，各个方面会不同程度地反映出一些迹象，即引发危机的一些基本条件正在不断地形成、积累，并通过一定的方式表现出来。这时是防范危机发生的最好时期，争取在问题孕育时期控制问题的发展，很好地解决问题，将危机消灭在萌芽状态。一旦发现危机，要有"小患不除必酿大祸"的意识。

### （二）危机管理过程

#### 1. 人员调配

首先让图书馆领导甚至上级主要领导亲赴危机事发现场，发挥领导者的人格魅力，不仅表明对危机事件的负责和重视，还可以凭借其凝聚力和威慑力，起到稳定人心的作用。而且主要领导人在危机现场也便于调动组织馆内外的各种资源，积极与各方沟通，并实施有效决策。

2. 紧急决策

由于危机发展富有急剧的变化性和潜在巨大的破坏性，危机状态下很多事情都是不确定的，都要在特别短的时间内决定，而时间稍纵即逝。因此，无论是安排组织工作的优先次序，还是主要领导亲赴危机现场，都必须强调快速决策，争取在第一时间尽快控制危机事态，解决危机。准确界定危机的性质、类型和程度，从全局的角度和人民群众的利益角度去处理问题。

3. 危机公关

当危机发生时，局部利益要服从全局利益，危机可能由局部产生，但危机的影响则是全局性的，因此危机处理要有全局观念，要懂得从全局的角度考虑问题，局部利益要服从全局利益。出现重大责任事故，使公众利益受损时，必须勇于承担责任。要利用各种交流手段和方式，进行充分沟通，安抚受害公众并给予一定的精神补偿和物质补偿，真心诚意地取得他们的谅解，使危机更有可能顺利化解。比如，只要读者由于图书馆的工作失误而受到了伤害，就应该在第一时间向读者道歉以示诚意，及时改善服务，而且还要向读者讲明事态发展情况。如此才能平息公愤，博得公众的好感。

### （三）灾后处理

突发事件的管理危机阶段的结束，并不意味着危机管理过程已经完结，危机管理任务宣告完成，而是危机管理进入了一个新阶段——危机后处理。如果危机管理的前两个阶段未能处理得完美无缺的话，危机后处理阶段就可以提供能弥补部分损失和纠正混乱的机会。

①变危险为机遇。
②危机后的恢复重建。
③建立独立调查制度和问责制度。
④危机后遗症的处理。
⑤危机后的学习机制。
⑥危机后的组织变革。

## 四、公共卫生防护措施

### （一）馆舍安全

图书馆的馆舍安全主要是指馆舍的建筑方面的安全隐患，一是有的图书馆设计不合理，安全要求差，承载标准、空间"三防"及通道未按标准进行设计。二是施工质量差，存在承载不足、门窗不严、跑冒滴漏等现象。三是不良的使用方式造成图书馆安全隐患，如随意改动书库位置，将书库安置在没有负载承重的房间，对屋舍的改造不以有关图纸为依据，随意进行电网和信息网络施工。许多图书馆为加强管理仅留一个出入口，还设置门禁，其他安全出口一律封锁，难以临时紧急疏散人员，这也是图书馆安全中最大的隐患之一。

### （二）环境污染防护

#### 1. 传染性、致病性微生物污染

传染病暴发或流行必须具备三个基本环节，即传染源、传播途径和易感人群。造成图书馆内传染病流行主要表现在其中的两个环节（传染源、传播途径）上。感染了某些传染性疾病的读者或馆员，是致病菌的携带者，是传染源。传播途径有空气传播、接触传播两种。

##### （1）空气传播

病原体携带者呼吸、讲话、咳嗽、打喷嚏等，可污染图书、桌椅面、计算机键盘等物体表面和空气。

##### （2）接触传播

接触传播分直接接触传播和间接接触传播。直接接触传播通过手和肢体等方式直接传播，如疥疮等皮肤病的接触传播在图书馆的具体表现有：通过电子阅览室的公用拖鞋、计算机键盘、桌椅表面、书柜、书架、目录柜、卡片、书本式目录登记本，特别是图书进行疾病传播。

#### 2. 图书本身污染

图书和文献资料的大量、长期、封闭的储存，必然受到细菌、霉菌等微生物污染及有害昆虫的侵袭。图书长时间的堆放及室内阴湿的环境，空气不流通及微生物大量繁殖导致图书霉变、菌变，图书馆工作人员及读者接触到这样的图书后，可患过敏性皮炎、过敏性哮喘、过敏性鼻炎、湿疹；苍蝇、蟑螂在图书上停落、舐吸、排便等活动，将痢疾杆菌、乙肝病毒等致病菌污染图书；老鼠在破坏图书的同时，也传播鼠疫、出血热等疾病。

### （三）防范措施

①加强宣传，提高读者自我保护意识。通过宣传使读者充分认识到图书馆环境客观上存在着不利于健康的因素，使其认识到保持馆内环境及设施整洁的

重要性,改掉沾口水翻书、看书吃东西等陋习,养成进馆前后要洗手的良好习惯,避免疾病的传染与被传染。

②加强图书馆室内的通风换气,减少空气中的细菌含量和有害物质的浓度。

③定期对图书馆的工作人员进行健康普查,对本馆现有的患有传染性疾病的工作人员采取必要措施,减少与读者接触的机会。

④加强图书馆的预防性消毒措施。

## 五、和谐环境塑造

### (一)人文环境

图书馆是一个高雅文明的文化场所,馆内应该干净清洁、窗明几净、书架整齐、鲜花点缀,选用简洁明快、构思巧妙、格调高雅的壁挂装饰和名言警句挂于墙上,不仅起到渲染气氛、协调读者情绪的作用,也与图书馆的环境互相映衬成为和谐的一体,达到一种精神上的升华,从而诱发强烈的求知与奋发向上的欲望。另外还可以悬挂一些有宣传性的文明用语条幅,使读者自觉规范自己的行为,做到与图书馆的环境相协调。幽雅的环境,使读者一进图书馆就置身于浓郁的文化氛围中,受到熏陶和感染,达到环境育人的目的。至于图书馆大门上方常年张贴的"欢迎您,亲爱的读者"大幅标语,对读者来说无形中增添了一种亲近感。

### (二)学习氛围

保持图书馆幽雅、文明的环境,就要及时消除与图书馆环境不和谐的因素。例如:馆内装饰以简洁、明快、淡雅为宜,不符合环保标准的材料决不使用,以防止甲醛、苯、氨、氡等有害物质;地面铺设优质的地胶板,以减少噪声;书库、阅览室、多媒体室、文献检索室等服务场所实行开放式布局,保证良好的通风采光条件;洗手间保持清洁,下水道、阴沟畅通,垃圾及时处理,馆内不准吸烟,不准随地吐痰,不准随意乱扔废电池、废易拉罐、零食包装盒等,以消除各种污染源;桌椅、电脑等设备式样适宜,色彩协调,摆放有序,与室内装饰互相烘托,造成宁静、健康而舒适的学习环境;各楼层都应有布局导引、方向标示、紧急疏散指示及安全通道;馆内要有磁性防盗监测等设备,以及完整的防火、报警系统和电力供应系统,以确保图书馆的安全和正常运行。

## 六、灾害应对措施

### （一）火灾应对措施

火灾是对图书馆安全威胁最大的一种灾害。火灾首先危害的是图书馆基本职能赖以维持的各类文献，对传统文献的危害尤甚；到了现代，随着图书馆职能的变化，其公共服务职能更加突出，火灾随时会对图书馆馆员和读者的生命安全构成更大威胁。传统图书馆馆藏基本属于易燃的纸本或胶片，一旦发生火灾，其火势之大、蔓延速度之快将会给施救带来很大难度，造成无法弥补的后果。图书馆被国家列为一级防火单位，其安全重要性绝非一般，图书馆落实安全措施是责无旁贷的头等大事，决不可掉以轻心。对于图书馆来说，应对火险首先要以预防为主，及时发现和杜绝可能引发火险的一切源头，将火险扑灭在未发生时。

1. 成因

①未经消防审核，擅自动工修建。

②未经审核，擅自装修。

③不向消防部门申报，擅自改变房屋用途。

④违章混存，造成隐患。

⑤违章操作，潜伏隐患。

⑥作业环境恶劣。

⑦水源缺乏，消防设施不配套、不完善。

⑧消防监督人员少，检查不到位。

⑨麻痹大意，人为造成。

2. 预防

图书馆是公共场所中易发火灾的高危场所，做好火灾预防，是防止火灾的最基础工作，对于图书馆来说，预防火灾重点应处理好以下几个方面。

①图书馆建筑设计和内部规划。图书馆建筑所在地区的规划、地势、方位、周围环境和防火间距，建筑物的长皮、宽度、面积以及易燃可燃文献物资收藏存放地点和数量等，要符合防火要求。

②图书馆建筑结构与构造。建筑物的耐火等级与使用性质要相适应，通风孔道、烟道与可燃结构应采取防火措施，在可能的条件下，内装修材料应尽量使用不燃或难燃材料。

③消防设施。配置相应的消防器材对图书馆火灾的防范和扑救是必须的。对于规模较大的公共图书馆来说更为稳妥的方法是建立完善的消防控制系统集成。

### （二）突发公共卫生事件应对措施

按照突发事件的范围分类，图书馆突发公共卫生事件分为大范围区域性和馆内范围。对于大范围的突发事件，图书馆要服从当地政府的统一指挥和部署，根据图书馆的实际情况采取积极的防范措施，如果是在图书馆小范围发生的事件，如污染、中毒、疫病等，应立即启动本馆应急预案，采取有效措施，妥善处理。

①如出现中毒、疫病等情况，应立即将详细信息上报相关部门，并立刻展开现场急救。视情况拨打"120"电话，立即送医院抢救。

②如出现易燃易爆气体泄漏、管道发生泄漏、燃烧等情况，图书馆领导应立即前往现场查看情况，紧急疏散人员远离事故现场，在保障人身安全的前提下对事故源做出初步判断，非专业人员若可能的话可采取措施排除故障（如关闭阀门、切断气源等），否则立即将情况报告有关专业部门来处理，视情况通知公安消防部门，同时报告上级主管部门。

③加强预防措施，改善图书馆卫生环境。平时要健全图书馆的卫生制度，保持图书馆的环境卫生。图书馆员和读者也要保持良好的个人卫生习惯。

# 第四章　高校图书馆功能

本章讨论了高校图书馆功能，主要分为三个部分：高校图书馆与校园文化传播、高校图书馆教育功能、高校图书馆服务工作发展。理解高校图书馆功能，才能更好地促进高校图书馆的发展。

## 第一节　高校图书馆与校园文化传播

随着时代的变迁，读者的阅读喜好已发生了巨大的改变，体现在图书阅读方面，主要为经典阅读与流行阅读及实用性阅读之争。为了在推荐经典的同时亦能适应青年学子的阅读需求，高校图书馆在推荐内容、推广方法上均进行了调整和创新。

### 一、图书推荐

在推荐内容方面，图书馆通常既推荐教授书单，也推荐新书、学生荐书、借阅排行上榜图书、获奖图书、畅销书，以此增强推荐书单的时代感与魅力。同一所学校的教授开列的书单代表着具有某种共通文化精神的高级知识分子的学术文化取向与判断，故所列书单既能体现校园学术文化精神，亦能启迪后学并容易产生共鸣。将同属于校园社区的教师荐书与学生荐书整合起来，则能产生具备校园用户普遍代表性的、体现校园文化特质的导读书目。北京大学图书馆创建了"阅读推荐"专题网站，分"新书通报""教授推荐阅读——对我最有影响的几本书""学子推荐阅读"三类推荐。上海交通大学图书馆在2009年至2010年间亦推出过"影响交大人的书"的活动，从教授和学生两个层面来征集，并制作展板展出。另外，由于当前图书馆服务非常强调以用户为中心及图书馆与用户之间的交流，故图书馆在考虑荐书活动时已开始注意收集来自读者（主要是青年学生）的荐读意见。如有的图书馆在读书节期间举办"我喜爱的一本书"活动，对活动有兴趣的师生可将书名及喜爱 / 推荐理由写在图书馆提供的便签上，并贴在图书馆放置的大型白板上，其他读者可浏览粘贴的荐读内容，图书馆也可以把这些荐读内容整理出来形成一份来自读者的荐读，甚至是带有导读性质的书单。

在推广方式上，图书馆主要是建设专题网站，甚至是全文网站，以及创建微信荐书专栏或阅读 App。清华大学图书馆创建有"读在清华"专题书架专题网站，分"每周甄选""新书通报""借阅排行"三类推荐。中国人民大学图书馆创建了"读史读经典"全文专题网站，进行经典阅读推广。西安交通大学针对大一至大四年级学生，发布"100 本经典"，并建设全文专题网站，引导推广阅读。西南交通大学图书馆建有专题网页"经典阅读推荐书目"，推荐了 96 本图书。在创建微信荐书方面，北京科技大学图书馆获 2017 年国际图书馆协会联合会（International Federation of Library Associations and Institutions, IFLA，以下简称"国际图联"）第一名的项目"读书天"颇有新意，每天在专栏上推送一本由学生原创书评的图书及书中的精彩片段，把学子荐书与微信的广泛传播力有机地结合起来，取得了显著的成效。在创建阅读 App 方面，上海交通大学图书馆推出的《思源悦读》App 是一个有益的尝试。图书馆在利用各类导读书进行阅读推广时，往往会配套举办书展、图片展、讲座、影展等活动，使阅读与校园文化同时得到弘扬。

## 二、讲座

讲座是高校图书馆经常采用的活跃校园文化氛围、开阔学生思维及视野、激发智慧交流与碰撞的文化活动方式。图书馆开展文化讲坛处于优劣势并存的状态。现代图书馆往往建有宏伟壮丽的演讲厅，非常适宜举办大型讲座。同时，作为校园文化中心，图书馆亦具备一定的平台优势，包括由平台而产生的人气凝聚力、与讲座相得益彰的文化氛围、与校园相关机构或社团合作关系的建立，以及能够成为校园才俊展现才华的平台。另外，图书馆亦能将阅读学方面的专业优势作为讲坛主题突破口，相异于校园林林总总的各种讲坛，走出一条主题鲜明、一枝独秀的路子；也能够基于专业优势判断，发现和积累讲师力量。高校图书馆开展文化讲座的压力主要来源于两方面：一为经费及人力方面的局限；二为由多方力量，如院系、学科管理机构或学生社团等举办的讲座而形成的竞争压力。因此，高校图书馆举办讲座需重点关注以下几方面。

## （一）包容性

高校图书馆文化讲座的包容性主要指四方面的包容：主讲者、讲座主题、讲座形式、听众。主讲者可以是经纶满腹、深孚众望的著名学者，也可以是生机勃勃、思想独到的青年学者。鉴于目前高校各种讲座基本被名师占据，而具备真才实学的青年学者往往缺乏展示学术才华的平台，高校图书馆作为校园文化中心，应该而且必须具备此包容性，为那些在社会文化领域有独到研究与见解的青年学者提供一个展示空间，起到大师孵化器的作用。讲座主题也应该多元、广泛，既可以是以引导学生认识及体会多元文化、开启智慧城市为主旨的文化素养类讲座主题，如经典、传统文化、历史、绘画、摄影、电影等；也可以是与学生学习、工作、研究、生活、心理息息相关的实用类主题；还可以是与社会、政治相关的主题。举办多元主题讲座，方能真正起到激发思想、提升修养、增进智识、健康心理、助跑人生的教育作用。讲座形式可以是单人演讲式、多人对话式，或是演讲与艺术展示相结合的方式，如讲述与表演、演唱、朗诵等的结合。高校图书馆讲座是提升高校社会影响力的有效途径，因此，讲座宜向所有乐于参加的听众开放，包括校内外听众。

## （二）合作性

高校图书馆举办讲座在资金及人力上存在一定的困难，但也有其独到的优势，故采用合作创办文化讲座的方式是高校图书馆开展讲座服务的最有利途径。图书馆与合作单位可建立优势互补、成效共享的关系。合作之于图书馆讲座的举办，主要益处在于：其一，扩大主讲人的邀请范围，如与学生社团合作，一方面可广泛邀请多方主讲人，另一方面，学生对于讲座的敏感度很高，由其邀请来的主讲人往往比较受广大学子欢迎。其二，缓解经费困难问题，有些合作单位本身设置了专项讲座经费，此经费来源可弥补图书馆讲座经费的不足。其三，提升讲座的参与度与扩大讲座的影响面：如与学生管理机构合作，将图书馆讲座与学生素质成绩挂钩，可以起到很好的激励参与的效果。当然，如前所述，图书馆举办讲坛，有其独到的优势，合作单位通过与图书馆的分工协作，亦能在减少讲座成本与人力投入的同时，获得同等或更佳的讲座成效。

## （三）品牌性

讲座品牌的塑造是影响讲座可持续发展的重要因素。目前在中国的公共图书馆界，已形成了诸多讲座品牌，如国家图书馆的"文津讲坛"、上海图书馆的"上图讲座"、浙江图书馆的"文澜讲坛"等。高校图书馆界并未产生声名卓著的讲坛,其讲座活动往往依存于某一系统性的文化品牌之下。但是,由于讲坛品牌之于主讲者、听众、合作者都有重要的意义,因此高校图书馆在举办讲座活动时,非常有必要创建专门的讲座品牌,以建立起讲坛可持续发展的支撑。

### (四)宣传性

图书馆文化活动举办的终极目标在于广泛提升用户的人文素养,所以宣传推广是图书馆任何一项文化活动都必须关注的要点。讲座因涉及听众的问题,更是需要加强对讲座主题、主讲人、主讲时间、地点的宣传。宣传的途径必须多元化:图书馆门前放置海报、馆内大屏幕滚动播放、学生集散中心悬挂横幅、学校活动宣传屏幕播放、BBS 宣传、图书馆新闻宣传、学校新闻网宣传、图书馆文化活动网站及时通告等,力求将讲座信息及时传播给学生,增强其对于讲座的参与度,提升讲座成效。

### (五)多样性

讲座是高校图书馆主体文化活动形式,但并不是唯一的文化活动形式。为满足读者的多元文化需求,高校图书馆需要围绕一定主题,举办展览、讲座、读书会等多元文化活动形式结合的系列文化活动,这样方能达到较理想的活动效果。讲座活动亦应如此,甚至是围绕整体文化活动主题来确定讲座主题及邀请相应主讲人,以从多维视角来诠释、展现及深化活动主题。从当前高校图书馆的讲座活动实践来看,许多图书馆已开始有意识地多重活动并用,例如,上海交通大学图书馆在世博会举办期间,根据世博会主题"城市,让生活更美好"来确定与城市建设相关的讲座主题;同济大学图书馆根据实体展览,举办相关的主题讲座。

### (六)服务衍生性

对于高校图书馆而言,讲座内容可以成为图书馆资源的一个独特来源,积累整理之,可以为读者提供相应的增值服务,如在取得主讲人的许可后,将讲座过程摄制成光盘,或是放在图书馆讲座网站上,或是制成专门的讲座视频数据库,或是集合成书,提供给读者使用,进一步扩大讲座内容的影响面。同时,也积累起独特的图书馆讲座资源。

### (七)管理有效性

管理直接决定活动成效。讲座工作牵涉的事项有管理策划、公共关系、宣传设计、听众组织、讲师联系与接待、讲座主持、会场管理(拍照、摄像、提问交流控制、纪念品赠送等)、档案管理(如讲座照片、视频、讲师题词、媒体报道)、网页更新维护、数据库制作、图书出版等。图书馆讲座既涉及馆内不同部门间的分工协作,也涉及馆外合作关系的建立与维护,必须建立有效的管理机制来保障讲座井然有序地开展。

## 三、读书会

读书会是一种阅读交流活动,活动形式通常为读书报告交流会、阅读研讨会、阅读沙龙等,主要目的在于推荐图书、推广阅读、增进交流与理解,是高校图书馆中外通用、历久弥新的阅读推广方式。读书会的运作流程包括确定讨论主题、确定讨论图书、寻找讨论引导者、宣传、以报名或预约的方式确定参与者、开展阅读交流、汇总及整理讨论会材料,以及评估成效。实施形式通常为一名或数名引导者(如语言文学类教师,或是作者)及参与人员就某本书或某类书交流相关问题、观点,或是阅读体会。

一个良性运作且持续发展的读书会,对于图书馆的内涵发展及扩大文化影响力具有重要的意义。从上述实践来看,读书会是否能可持续及有效运转,取决于图书馆是否具备三种能力:第一,是否具备维护优良和较为稳定的阅读讨论引导者群体的能力;第二,是否具备发展壮大读书会参与者的有力机制;第三,是否拥有合适的场所、设施、经费及人员来支持读书会的运行。

由于维持读书会需要良好的公共关系及人才、物力的支撑,而这些因素对许多高校图书馆的确构成了障碍,故高校图书馆在开展读书会活动时需采用有效的策略:①不同规模的读书会以合适的周期频率交替举行,在兼顾相对较为小众的阅读交流需求的同时,满足读者普遍广泛的、较为大众的阅读交流需求。这样一方面能够保证读书会持续良性地开展,另一方面可以使读书会整体的发展呈现出有特色、有内涵、有高潮、有效果的较为理想的状态。②拓展图书馆公共关系,与举办读书会涉及的各方支持力量建立合作,如与有相同兴趣的院系合作开展读书会,以取得较为充足的阅读交流领袖及参与学生的支持;发现擅长做阅读交流的领袖和对读书活动具有热情的教师,与之建立较为稳定的长期合作关系;与相关学生社团合作,以取得读书爱好者的支持,使读书会真正起到激发读书热情、交流产生智慧、全方位解读、增进深度理解的作用;与具有丰富作者源的出版社合作举办读书会,增加作者与读者见面交流的机会;与其他机构合作,如出版商、数据库商或网站,在宣传合作机构的同时,缓解活动经费困难的问题,并最终达到推进读书、增进知识的目的。

## 四、竞赛

### （一）类型

竞赛是在一定规则下，比较能力、技术高低的一种活动形式，在高校内也是常见的活动，竞赛内容从教学创新、创业到业余生活，参赛对象从学生到教师、校内各行政人员等，花样繁多，不胜枚举。

从阅读推广的角度来看，任何一种活动的目的都是培养参与者的阅读兴趣和阅读习惯，提高他们的阅读质量和阅读能力。因此竞赛虽然常常与其他活动形式结合开展，但活动的内容始终围绕阅读能力，使用的道具离不开书。

根据活动参与方式，竞赛活动可分为现场型竞赛和作品征集型竞赛两种。

现场型竞赛是指参赛者在同一时间、同一场地内同时完成某项任务，并且当场比较得出结果的形式，如朗读比赛、演讲比赛、知识问答比赛等。

作品征集型竞赛是将某一主题或某一类型的创作作为比赛内容，读者不需要在现场创作，只需要在规定时间内提交比赛作品，由活动组织方组织评委评选后得出结果，如书评、诗文比赛等。

### （二）活动特点

竞赛活动的特点体现在对读者有显著的激励作用和长效的影响力两个方面。

#### 1. 活动激励

竞赛活动的激励主要体现在两个方面：一方面是为读者提供了展现个人才能的平台，名次、称号为读者提供了精神层面的满足感；另一方面，奖品等物质奖励在不同程度上对参赛者也有激励作用。总的来说，竞赛活动能对参赛者起到各方面的激励作用，能提高读者阅读的积极性和主动性。奖励方式的选择范围比较广，可操作性较强，在阅读推广中有着较广阔的拓展空间。

#### 2. 影响力持久

一次竞赛活动从预热宣传、报名、预赛、决赛到成绩公布与推送，相关活动持续时间较长，在保障宣传的情况下，能在一定时间内获得人们的关注，形成一段时间的影响力。

### （三）保障因素

#### 1.组织委员会

为了保障竞赛的顺利举办，首先需要成立一个专门的活动组织委员会（组委会）。这个组委会下面又需要根据不同职责设立对应的小组。组委会通常有四个职责：第一项是联络与组织，保障所有活动主办方、协办方和活动参与者之间的消息传递通畅；第二项是制定竞赛流程、竞赛规则和竞赛内容；第三项是后勤保障；第四项是作为评委为选手和作品打分。不同的小组各司其职，才能顺利地完成整个活动。

#### 2.流程设计

流程和规则是竞赛活动"比什么、怎么比"的重要说明。如果是现场型竞赛，在流程设计上需要尤其注重活动现场安排、设备准备、人员调控等问题；如果是作品征集型竞赛，在设计活动各流程时要关注作品提交方式、联络人设置等问题，保障整个活动各流程顺利衔接。

## 第二节　高校图书馆教育功能

### 一、起源

中国图书馆学教育始于中国近代，其教育思想和教育模式深受西方国家的影响，尤其是美国的影响。中国图书馆教育受美国的影响可追溯到 20 世纪初。1913 年，美国图书馆学家克乃文在南京金陵大学主持图书馆工作时，曾在该校文科专业开设图书馆学课程。1920 年 3 月，美国图书馆学家韦棣华女士创立武昌文华大学图书科（后单独成立"武昌文华图书馆专科学校"，简称"文华图专"），这是中国图书馆学正规教育的开始。并且在较长时期内，文华图专和南京金陵大学图书馆学系成为中国图书馆学教育的重镇。文华图专先后向社会共输送图书馆学毕业生 500 余人、档案学人才 300 多人，成为民国时期培养新型图书馆人才的基地。

## 二、重要性

### （一）德育教育

由于高校学生在校时间短，而且学生的职业技能教育是教学的中心，因此对学生的思想道德教育工作压力很大。图书馆作为社会主义精神文明建设的重要基地和学校教育的重要基地，有责任也有能力配合学校进行学生的思想教育工作。相对于直接的灌输式教育而言，图书馆的思想道德教育是一种间接的渗透式教育模式。图书馆的道德教育主要有两种途径：一是通过利用馆内丰富的文学、哲学、美术、音乐、伦理学等各学科文献资源，引导学生多读一些有利于个人思想和学习进步的好书，杜绝一些品位不高容易产生消极影响的书对学生的腐蚀，从而达到教育的目的；二是通过营造优美的自然环境和民主、和谐的人文环境，使学生能在幽静、恬静的环境中轻松愉快地看书学习。久而久之，学生会在不知不觉中养成良好的行为习惯和道德风尚，会在图书馆里认识美、崇尚美，努力维护美。渗透式教育不易使学生产生抵触心理，具有轻松、自然的特点，在潜移默化中提高了学生的思想道德水准。

### （二）智育教育

图书馆的智育、学校教学的目的就是为国家培养德才兼备的高素质人才，因此图书馆的另一个重要任务就是配合学校教学，对学生进行学习教育，也就是智育。相对综合大学而言，高等职业教育的主要目的是培养精通一门技术的专门人才。这些专门人才的培养主要是为了满足当前社会化大生产的分工细化，可是随着分工的越来越细，分工之间的联系和互相渗透也越来越密切。因此，高等职业教育应该培养具有一门专业技能，知识面广，基础扎实，能适应现代化生产和现代化建设的人才。然而，高职高专类学校的教学时间一般较短，在教育结构向综合方向发展的同时，假如把握不好度的问题，就有可能削弱主干学科的教学，从而失去高等职业教育的本意和优势。而且在高职高专学校里，不同学生的天赋、兴趣、爱好、发展趋势都有着明显的差异，所以对他们的综合教育最好是依托图书馆。

### （三）完善知识结构

学生知识结构主要包括三大类：基础知识类、专业知识类和动态知识类。要建立高职学校学生合理的知识结构，必须坚持以"专"为主，以"博"为辅，"专"与"博"相结合的原则。"博"是指基础知识广博、宽厚；"专"是指专业知识技能精深、透辟。这一方面要求在广博的知识基础上求专业知识的精深，另一方面要求围绕专业知识精深目标求基础知识的广博。此外，要帮助学生建立合理的知识结构，还必须善于根据客观情况不断调节和补充知识内容。因为知识结构是动态的而不是静态的，只有随着客观情况的变化不断地进行调节、更新，合理的知识结构才能建立起来。调节、更新知识结构的方法有精选法、补缺法。精选法就是根据所学专业对各类各层次的知识分类排队，精选吸收最需要的知识，完善自己的知识结构。补缺法就是在学习中发现知识结构中缺少的某些必备知识，可争取在较短的时间内学以致用。无论是博学，还是精学，无论是调节更新，还是精选补缺，都离不开图书馆。因为图书馆藏书门类齐全，从自然科学到社会科学，从尖端学科到边缘学科、交叉学科，文献资料可谓取之不尽，因而是学生课余时间博学、精学，知识调节与更新的最理想场所。

### （四）发展个性

学校根据个人需要与兴趣开设了各种选修课，但也不能满足学生个性发展的需求。而图书馆具有得天独厚的优越性，它不受时空限制，给"吃不饱"的学生提供了广阔的天地，给"吃不了"的学生提供了课外辅导，图书馆搜集古今中外各个学科及相关学科不同观点、不同语种、不同版本、不同载体的文献，供学生选择利用，使之各取所长，各得其所，这比课堂"灌输"更为主动。当今，交叉学科、新兴学科不断涌现，由于诸多原因，课堂教学无法适应学生日益增长的学习需要，而掌握大量文献信息和信息利用技能的情报专家、文献专家、图书馆员恰恰能满足学生的需求。

## 三、作用性

### （一）促进高校发展

只有好图书馆才能缔造好大学。世界上任何大学的生存与发展最关键的资源有教师、图书馆与科研设备。世界上许多著名大学成功的背后都有图书馆在发挥作用，一流的大学必有一流的图书馆作其精神支柱，这就是名校成长的内在逻辑。

哈佛校园内的威德纳图书馆，藏书600多万册，而且每年藏书都在增加。该馆建于20世纪20年代，是以哈佛毕业生威德纳命名的。当我们每次进入威德纳图书馆，就像进行了一次心灵上的登攀与洗礼，任何杂念与烦恼都一扫而光。从长长深深的通道，进入一层一层的藏书室，这里是超脱灵魂的空间，先知的声音在这里活着，历史在纸上活着甚至呼吸着，在这浩如烟海的图书面前，每个人都会肃然起敬，对知识的敬畏之心油然而生。为了便于学校师生精选图书，在哈佛大学历史上杰出的校长查尔斯·艾略特的主持下，于1909年将人类历史上最有价值和影响的著作装订成册，作为哈佛学生们的主要读物。这套被后人称为"哈佛经书"的学术丛书总共55卷，囊括了休谟、达尔文、密尔顿等人的作品，至今仍是哈佛人终生必读的书籍。哈佛大学图书馆不仅藏书一流，而且服务一流，借阅手续方便，未看完的图书和私人物品可放在书桌上，第二天照常来阅读，无人翻动，更不会丢失。

### （二）提高高校地位

藏书质量与大学地位密切相关。高校图书馆是高等学校教学和科研正常进行的基本条件。藏书建设的好坏，藏书质量的高低，不仅标志着图书馆本身的工作情况、社会效益和使用价值，而且也标志着高等学校办学的整体水平和特点。特别是在当前，各高校都在不同程度上改变了办学模式和发展方向，研讨高校图书馆的藏书建设工作，更显得紧迫和必要。论历史，博洛尼亚大学于1067年建立，是世界上最古老的大学，但是，它的图书馆所藏的纸质图书只有125多万册。同样是意大利的大学，罗马大学的藏书却有370多万册。显然，图书馆的藏书量与大学水平有关。柏林大学比德国最早的海德堡大学晚了400多年，但理论水平方面，柏林大学已远超过了海德堡大学，其图书藏量也远在海德堡大学之上。历史与水平相比，水平更重要。

### （三）利用先进技术

大学图书馆要重点发挥数字图书馆的作用。现代大学图书馆中，纸质书籍占据着绝对主流的位置，书籍、期刊、报刊基本上就是一个图书馆的全部。但是自从进入21世纪以来，随着网络技术的发展，世界向网络化时代发展，另外一种媒介物质以其丰富的信息资源、快捷的传输服务、广泛的可取性极大地满足了学生对信息的需求，这种媒介就是电子资源。与传统的纸质图书相比，电子资源有着使用灵活、不受时间和空间的限制、检索便捷、信息量大、支持多个用户和传输速度不受限制等特点。从发展的角度来看，美国大学图书馆购买图书的重点，已经由纸质出版物向电子出版物转移，购买电子图书的经费已经增长到了30%～50%，甚至更多。对比传统的图书馆，大学数字图书馆的好处是显而易见的。学生在宿舍中就可以方便地查阅资料、书籍，而不必去图书馆。学生在任何时间、地点都可以翻阅学校图书馆的馆藏资料，不必受到图书馆上下班的限制；学生一次可以下载翻阅很多种书籍资料，而在图书馆中，可借的图书资料是有限制的，而电子资源有着无与伦比的优势。

### （四）"第二课堂"作用

大学生在校学习，教室自然是学生的第一课堂。图书馆（包括自习教室、阅览教室、电子阅览室等图书馆的相关设施）可称作第二课堂。图书馆是一种主动的教育，是一种学生要求学习和接受知识的教育方式，学生在借书的时候，在阅览的时候，在查阅电子资料的时候，是以一种主动的方式来接受教育的，是以"我要接受知识"的方式来学习的。在和第一课堂的比较方面，第二课堂的灵活性更大，第二课堂的可选择性更多，第二课堂对学生的吸引力也更强烈一些。

我国实行的是每周五天的学习制度，每周都有两天的休息时间，这一段时间完全是归大学生自己支配的自由时间。学生在校外长时间自由活动，难免会发生各种潜在的问题，产生学校和家长都不愿意见到的情况。但是图书馆就可以完全避免这个问题，学生在阅览室翻阅期刊和报纸，有助于了解社会。学生在电子阅览室中查阅资料，开阔了眼界，丰富了视野，接受了信息化的教育。学生在图书馆中借阅图书，也学到了专业知识。而且，图书馆还可与学校团委、学生会等学校职能部门联合举办各种读书报告会、书评、知识竞赛等，既陶冶了学生的情操，又增长了学生的知识。总而言之，在大学中要充分发挥图书馆第二课堂的作用，为学生营造一个信息丰富、环境幽雅、方式多变的学习环境，使学生在休闲和娱乐中获得有益的知识、文化和社会经验。

## 四、地位

### （一）知识中心

大学图书馆汇聚了大学文化的精华。大学图书馆作为知识的殿堂、文明的宝库，汇聚了大学文化的精华。遨游其中，每个人都能汲取丰富的营养。游历世界名校，人们都能被各大学图书馆丰富的馆藏征服、震撼，并油然而生无限的向往。英国剑桥大学图书馆，作为世界最大的图书馆之一，拥有600多年的建馆历史，藏书600多万册，且拥有许多珍贵的历史文物与世界珍品，这是人类文化的精华，更是剑桥大学文化的集中体现。美国斯坦福大学设有30个图书馆，藏书650万册，形成了大学最亮丽的文化风景。德国海德堡大学图书馆，作为德国最古老的大学图书馆，不仅有丰富的藏书，而且有6000多册珍贵的手稿和古代印刷本，汇聚了人类文化的精华。悉尼大学图书馆不仅拥有450万册的馆藏资源，更拥有先进的计算机搜索系统，利用网络拥有了更多的文献资源。纵观世界名校，每所大学的图书馆都成为大学文化资源的聚集地。

### （二）传播枢纽

图书文献资料是文化传播最主要的有效工具。图书文献资料对人类文明继承、延续、发展有着不可磨灭的功绩，这里有厚重的历史文明，有求真的科学精神，更有独特的大学品位。图书馆展示了大学文化的魅力，它展示了规范的制度文明，展示了深切的人文关怀，展示了特色的文化风景，至今仍然是人们认识自然和社会、形成思维、获取知识和技能的主要途径。正如伟大的哲学家培根所说："历史使人聪明，诗歌使人富于想象，数学使人精明，自然哲学使人深刻，理论学使人庄重，逻辑学和修辞学使人善辩。"总之，读书能够陶冶人的性情，锻炼人的思维。

### （三）教育课堂

图书馆承载着文化育人的重任。文化育人包括知识育人、服务育人、环境育人和制度育人。总之，图书馆是以它深厚的文化资源、文化精神、文化环境、文化制度作为育人背景，潜移默化地影响和引导学生：有人说图书馆是"无声的课堂"，有人说图书馆是"随风潜入夜，润物细无声"的老师，也有同学这样称赞图书馆："它是我了解过去，认识现在，展望未来的窗口；是我读书、立志、修身、成长的第二课堂；是我一生都离不开的最无私、最渊博的老师。"这就是图书馆特殊的育人环境构成的大学文化内容。

### （四）信息中心

大学图书馆具有加强学生思想品德、促进校园文化建设的作用。图书馆虽然以它独有的文化环境和得天独厚的信息与文献资源影响学生的思想、修养与品位，但是图书馆不能仅依靠这些先天具有的资源，还要人为地、主动地强化它的教育职能，才能使图书馆，尤其是高校图书馆在人才培养方面发挥更大的作用，取得更好的社会效益。具体来讲，高校图书馆应从以下几方面开展育人服务。高校图书馆应开展多种层次、多种方式的服务，如编制书目、推荐导读、资源推荐新书架、举办图书展评、介绍有关数据库和网站等阅读辅导资源。图书馆是信息与文献的海洋，学生来到这里，一方面为这里丰富的文献资源所吸引，另一方面，如果没有有效的信息导航，他们就会迷失在信息的海洋中，他们并不知道哪些信息是有用的，哪些信息是与自己无关的。由于受图书馆技术与系统所限，查询目录对文献信息的揭示是粗略的，通过它，用户不能判断它的取舍。所以，开展深层次的文献信息揭示工作，资源推荐、导读活动等主动信息推送是非常有意义的，也是时代向图书馆提出的具有挑战意义的工作。无论是从思想政治工作还是从思想政治工作的形式看，图书馆都有其独特的优势作用。

### （五）学术研究中心

一个成功的大学图书馆，不仅在于其硬件条件的优越性，也在于其图书馆员整体的素质水平。而馆员的素质水平的标志之一，就是其所在图书馆的学术研究水平。凡重视学术研究的图书馆，其馆员的工作积极性、学术成果和社会地位也较高，在图书馆界的知名度也较大。要想把大学图书馆的学术研究工作做好，有以下两个方面的问题。

①图书馆内开展学术研究存在的问题。很多人都认为图书馆是一个服务性的行业，是面向学生的服务行业，图书馆员只要把服务和本职工作做好就行了，搞学术研究是"不务正业"，是完全多余和没有必要的，从而错误地把学术活动和服务工作对立起来。这样想就割裂了服务工作和学术研究的联系，从而不能把工作中遇到的问题通过学术研究的方式进行探讨和研究，也不能通过探讨再去提高服务水平，就失去了把工作提纯和升华的机遇，不能在工作中发现问题，也不能在学术研究过程中解决问题，更不能推动大学图书馆各项工作的发展。这样就使大学图书馆的各项工作成了"一潭死水"。图书馆的工作要动起来，就需要学术研究，学术研究在大学的工作中起到的是汽油的作用：要想把图书馆这部汽车开起来，就必须不断加油，只有汽油足够了，汽车才能跑得更快、更稳。只有大力提倡学术研究，营造学术氛围，才能提高大学图书馆的服务工作层次、提升业务水平。

②在图书馆中开展学术研究工作的方法。大学图书馆应建立定期召开学术研讨会的制度，每年定期举办全馆性的学术会议，让图书馆的员工之间有机会充分交流学术观点与研究成果，便于加强人员之间的交流和部门之间的协作，进而促进各个业务岗位工作研究的深入开展。学校的各系也要定期在图书馆开展学术研究和交流活动，使大学图书馆不仅成为功能单一的藏书楼、借书处、阅览处，而且逐渐发展成为重要的文献情报、学术研讨的中心，在大学学术研讨工作中起到核心和纽带的作用。大学图书馆应定期对馆员进行培训，争取在一定的时期内使馆内工作人员都进行一次或者多次培训，通过不断的培训，提升图书馆员的素质。积极支持工作人员外出参加一些有益的学术活动，并明确

规定参加各类学术活动的条件，尽量使图书馆每一个工作人员的机会均等。还可以邀请兄弟单位的图书馆方面的专家来馆讲学和指导工作，使学术交流得以正常开展。为促进学术研究不断深入发展，图书馆可定期对学术成果进行总结与评估，总结经验，找出存在的不足，使学术研究向深层次、高水平发展，促使图书馆真正成为现代化的文献信息中心。大学图书馆也应该培养多层次、高技能的学术人才，并为他们营造浓厚的学术研究氛围。认识到图书馆员广泛开展学术研究的重要性，这是大学图书馆实现现代化的重要条件。

## 第三节　高校图书馆服务工作发展

### 一、阅读推广服务内涵

图书馆是一个国家或民族最基础及核心的阅读推广主体之一。欧美各国阅读推广事业的发展，往往是在国家政府的引领下出台相关法案或计划，发动学校、图书馆、医疗机构、社区、教堂、出版社、书店等相关机构，携手营造出全社会重阅读、促阅读的文化氛围，进而推动社会阅读的发展。由于现代意义上作为书刊及知识信息提供中心的图书馆在我国出现的历史并不长，因此阅读推广在我国的发展与欧美各国不尽相同，呈现出与我国图书馆事业之发展水平紧密相连的态势。

图书馆阅读指导或导读是一个宽泛的概念，涵括了图书馆使用指导、阅读内容与方法指导、目录及工具书使用方法指导、文献检索知识教育等所有指导、引导或辅导读者利用图书馆、文献与阅读的服务及活动。从图书馆重点工作演变历史来看，过去被统括于导读工作范畴的内容逐渐分化并进一步拓展，成为专门的实践及研究领域，如参考咨询、信息素养教育，以及而今应时代需求脱颖而出的阅读推广。

整个 20 世纪我国图书馆事业还处于建立图书馆网络、健全现代图书馆服务功能的状态，阅读推广意识较弱，阅读推广活动较零散，其目标、理念、模式、规模等与当今提出的阅读推广均不可同日而语。

国家政府层面对于全民阅读问题的重视与支持，加之中国图书馆学会阅读推广委员会的多方引领，我国阅读推广事业近十年来发展迅猛。中国图书馆学会通过建立阅读推广专业委员会，召开阅读推广峰会，评选示范基地、优秀组织、优秀项目，开展阅读推广人培训，组织出版阅读推广教材等方式，地毯式推广进行阅读工作。中国图书馆学会阅读推广委员会下设的分委会数量逐渐增多，个数已从创建当年的 15 个增加至 21 个，每个分委会 25 人左右，吸纳了大量的阅读推广人员。自 2006 年起，中国图书馆学会开始组织召开"全民阅读论坛"，至 2018 年，已连续开展 12 届。2013 年开始举行"全民阅读推广高峰论坛"。各分委会也举办了很多极具特色的研讨会，如经典阅读推广委员会于 2013 年开始举办"经典亲近边疆·边远行"。这些研讨会的举办，对于阅读推广理论与实践的发展起到了积极的推动作用。为激励及表彰全国阅读推广工作的开展，中国图书馆学会设立了"全民阅读示范基地""全民阅读先进单位""全民阅读优秀组织""阅读推广优秀项目"等评选活动，这些评选活动得到了社会各界广泛的响应。在建设全民阅读社会的呼声下，图书馆、出版社、书店、传媒机构、营利性机构（如亲子教育机构、国学培训机构、会员制的图书出借机构、移动阅读平台研制者）、学校或研究机构、政府及相关公益机构、社会团体（如志愿者组织"故事妈妈"）、个人等纷纷加入阅读推广大潮中来，从各自的视域开展了丰富多彩、各具特色的阅读推广实践，为整体社会性阅读推广风潮的形成推波助澜。

作为阅读推广的核心机构，阅读推广工作在图书馆全局工作中的位置已全然改变。过去部分图书馆也会举办一些展览、讲座、读书竞赛等推动阅读的活动，但往往处于零星的、可有可无的、非系统非常态的状态。而如今在世界性的阅读推广潮流中，高校图书馆亦无例外要加入其中，面向师生或是所在地区开展阅读推广活动。

## 二、国外高校推广

世界各国高校图书馆对于阅读推广的认可及参与程度不一。从文献报道来看，美国高校图书馆的阅读推广工作是伴随着读者咨询工作的开展而不断发展的。克劳力将美国的读者咨询工作发展分为 4 个阶段：1876 年至 1920 年为产生阶段，1920 年至 1940 年为以非小说类图书为咨询重点的阶段，1940 年至 1984 年为读者咨询在成人服务中的缺失阶段，1984 年至 2005 年为读者咨询工作的复苏阶段。他认为现代读者咨询可以被理解为有组织地推广小说或非小说自主阅读的项目，以达到满足读者需求及促进人口素质提高。

美国高校也出现过一些产生了良好示范效应的阅读推广项目。1961 年，摩根州立学院（现为摩根州立大学）校长马丁·杰金斯启动了校园共读项目。他每两个月给师生提供同一本书、讨论计划和播放相关电影。图书馆员是执行委员会成员，开展与所挑选的书相关的资料展示活动。该项目非常成功，杰金斯评论该创新举措为校园带来新的智力活力。2000 年左右，"一城一书"模式在美国高校悄然兴起，有"一校一书""同一本书""共同阅读项目"等称谓。根据安迪·吐温 2007 年发布的题为《高等教育中的共同阅读项目》的调研报告显示，在被调查高校中，61.2% 已具有 4 年的活动记录，18.6% 具有 7 年的活动记录。"同一本书"项目的主要目标在于构造智力参与模式、开启社区感受；其次是激励阅读、提供学生理解多元视角的机会，及增强新生培训的学术成分。根据对象范围，美国高校图书馆开展的"同一本书"项目可分为面向校园社区及面向包括校园社区在内的当地社区两种类型。

面向校园社区的"同一本书"项目通常与学校针对新生的第一年研讨会课程项目或是新生培训项目结合在一起。运作方式为：由教师、图书馆员、学生事务工作人员、学生等组成的"同一本书"委员会共同讨论确定一本作为下一年度新生共同阅读讨论的图书，图书入选的主要标准为图书是否具备激发讨论的能力、是否适应学生的趣味并激发其提出有价值的问题的能力；新生入学后夏季阅读及讨论选定的图书；秋季图书作者会来到学校面向全校师生演讲及交流，借之将围绕一本书的思考与讨论推向高潮并得以升华。

康奈尔大学图书馆"新生阅读计划"即属于面向校园社区的阅读项目。康奈尔大学负责本科生教育的副教务长会组建一个选书小组，以"内容可以使读者从人文科学跳入其他学科领域进行思维"为基本挑选原则，从多本提名书籍中挑出一本既有历史影响又有现实意义的文学作品。选书小组遴选出的图书于新生入校前分发给新生；根据新生阅读计划委员会的安排，新生必须在入校前将书读完，并从预设的十个思考题中任选一题写读书体会；新生报到后的第一周参加与该书相关的讲座、讨论、作文竞赛和其他活动；在整个学年中，不同院系会以不同的形式和从不同的角度发起关于图书内容的深度揭示及讨论交流，以加深学生对于图书所涉及主题的理解与思考，促进学生批判性思维能力的形成。康奈尔大学图书馆深度参与了这项学校主创的新生阅读计划。图书馆的一位参考咨询馆员和一位美工设计师全程参与了计划的实施，参考咨询馆员负责创建阅读活动网站，更新及保存历届阅读活动的信息；美工设计师负责活动宣传海报的设计与活动的整体宣传推广；其他馆员则义务参加由 200 余位康奈尔大学教师员工带领的学生讨论小组。为配合活动的开展，图书馆还举办了小型展览。计划委员会 2013 年 8 月份组织了 6 次演讲，为使学生探索图书内容所涉及的主题、学科、活动及资料，教师和员工引导了阅读讨论。

另外，由于阅读推广活动在美国社会的广泛开展，美国高校图书馆也产生了一些品牌性的脍炙人口的阅读推广项目，如西肯塔基大学图书馆的"西肯塔基图书节"。"西肯塔基图书节"创始于 20 世纪 90 年代中期，起初该馆希望通过举办图书节为馆藏建设增加经费，结果不尽如人意。1999 年图书馆转变观念，不再将图书节视为盈利工具，而是将其作为图书馆与社会联系的纽带。至 21 世纪后，图书节的宗旨被定义为"鼓励阅读及爱书，积极贡献于本地区和本州的扫盲运动"，很清晰地体现了大学服务于社会的宗旨。西肯塔基大学图书馆在图书节运作过程中探索出一套非常有特色及有成效的管理模式。图书节活动以伙伴单位合办的方式开展，以西肯塔基大学图书馆为主，社区公共图书馆和连锁书店为合作伙伴。合作伙伴成立了图书节组织委员会。

在社会服务负责人的主持下，合作伙伴组成的图书节管理委员会形成定期开会的制度，制定方针政策，讨论各项活动安排，并根据形势变化，调整活动内容与时间，不断创新。图书节活动经费以社会集资（包括现金及食物、酒水、花卉等实物）为主，以活动收益（包括旧书出售、售书分成等）为辅，收支平衡，略有结余。

每年 4 月，图书节与美国图书馆协会倡导的"全国图书馆周"同时举行，为期两天，选在周五和周六，以便小学及社区居民参与。主要活动包括以下几方面。

①一本书、一个校园、一个社区。该活动为图书节活动亮点，操作方式为：首先，图书节组织者出台一套图书选择标准，要么作者为肯塔基人，要么内容与肯塔基有关；然后，建立一个由馆员、教师、合作伙伴、社区群众组成的图书筛选委员会，通过筛选、阅读、讨论、投票选举等形式，选出一本在校园和社区推广阅读的图书。接下来，举行活动启动仪式：图书馆领导开场，英国文学教授简单介绍作者和作品，免费分发由筹集的资金购买的图书。然后，组织读者根据网上公布的讨论大纲讨论读书心得，并开通博客让读者随时参加讨论。若图书已被拍成电影，还会在校园和公共图书馆免费展映该影片。最后，邀请作者亲临现场畅谈写作心得，朗读图书章节，解答读者的阅读疑问，为读者签书。现场也举行售书，所得收益作为图书节活动经费。受大学版的"一本书"活动的启发，图书节组织者萌生了少儿版的"一本书"活动。该活动利用公共图书馆的优势争取到很多小学的支持与积极参与。启动仪式上由当地有名望的政治家、活动家和企业家到学校给学生们读书。邀请作者到学校与学生见面，时间上往往配合全美"儿童读书周"来进行。"同在一页上"活动也取得了巨大的成功，组织者进而从 2007 年秋开始，举行针对中学生的名为"I Read"的"一本书阅读活动"。

②肯塔基作家大会。作家大会在图书节前一天举行，会议内容包括讲座、

座谈等。参会的小说家、散文家、诗人、作曲家等会分享其写作经验、投稿遭遇、出版流程以及音乐诗词的创作等。受邀和主动申请参加图书节的作者每年有 200 人左右，大都来自肯塔基和周边地区，也有全国知名作家。除著名或特邀作者外，其他作者的路费和住宿费基本自理。会议对社会免费开放，对写作感兴趣的大学师生及当地群众踊跃参会，与作家进行面对面的交流。英文教授把参会作为教学内容的一部分，动员学生参会。会议期间亦举行发言作家图书展售活动，作家大会是作家、师生及社区群众共聚一堂的盛会。

③作家联谊餐会。该餐会是图书节组织者为图书节筹款而特意设计的活动环节。餐会的酒水由赞助商提供，作者免费参加，有兴趣与作者接触的当地群众也可以提前购票参加。由于门票价格较高，故来者多为社会名流。

④肯塔基文学奖。活动由文学奖评选委员会组织，委员会成员由西肯塔基大学英文系教师、馆员，以及当地文学爱好人士组成。被评选的图书须具备两个条件：其一，图书要么作者是肯塔基人，要么内容与肯塔基有关；其二，图书必须是前一年内出版的、用英文书写的新书，即重印的、外文的、自费出版的图书不符合提名条件。文学奖按小说、非小说、诗歌三大类，分设一、二、三等奖各一名。该文学奖的重要性随着图书节和其他相关活动知名度的提高而有所攀升。

⑤其他活动包括：针对地区内的中小学生开展的写作竞赛活动、学生会捐书行动、图书与篮球、旧书大卖场、全美家庭识字月等。

西肯塔基图书节活动具有浓郁的地方特色、文化教育性及大学与社区紧密结合的特点，取得了很大的成功。该活动 1999 年举办时参加人数已有 3000 余人，到 2002 年跃升到 6000 余人，现在参与人数过万。活动持续性地举办，不仅有利于提高社区居民的文化素养，而且也有利于图书馆的重要性被学校、院系及社区广泛认可，有利于大学招生及保持在校生的就读率，及培育图书馆的赞助者。

## 三、国内高校推广

### （一）基础概述

#### 1. 发展过程

我国高校图书馆的阅读推广工作与 20 世纪 80 年代中后期我国开始出现的图书馆阅读指导、图书馆导读工作及校园文化建设有所渊源。那个时候，高校图书馆的资源主要为纸本书刊，比较重视图书导读工作，通过创办读书社团、举办讲座、读书会、新书推介、推荐书目、读书写作与交流等活动，来推动校园阅读氛围的形成及推进学生人文综合素质的提升。

随着信息技术的发展，电子资源逐渐成为图书馆馆藏的重要组成部分，并日益被用户所倚重。在此背景下，围绕着电子资源的推荐与使用，图书馆的工作重心发生了很大的转变，参考咨询、信息素养教育等工作日益被视为图书馆支持教学科研的主体服务，而以图书推介为主的图书导读工作逐渐被边缘化，与之相关的阅读指导及推广工作处于可有可无的状态。图书馆如果认为该工作值得投入人力物力去做就开展；反之，就处于断断续续、时有时无的状态。

图书馆的宣传推广方式包括多元媒介的宣传报道、会议报告及开展读者活动。很明显，它们的推广目标、推广重点、方法及对象均有所不同。为增强图书馆与读者的联系，高校图书馆亦会举办形式多样的读者活动。过去这类活动通常被命名为"读者服务月"，活动项目涵括读书活动、信息素养教育活动，以及其他图书馆服务推广活动。阅读推广兴起后，许多图书馆以"读书节""读书月"为名来开展读者活动，并有意识地突出活动的阅读主旨，并增强阅读推广活动在整体读者活动中的比重。虽然在图书馆宣传中无须过分关注各类型工作的定义区分，但在整体工作的规划、组织与管理过程中则需要明确其范畴所指，如此方能避免由于概念不明所导致的阅读推广重点与特色不足、创新性不够、成效不佳等问题。作为信息服务机构，信息素养教育是高校图书馆的重点工作。基于读者活动的传统，现今的研究者或图书馆从业人员亦常将信息素养讲座视为阅读推广活动。从图书馆宣传或工作总结的角度讲，这样的归类有较强的便利性，但是，太宽泛的界定必定会削弱核心成效。在阅读推广已成为高校图书馆常态化、活动化的主体服务内容之一的形势下，仍将信息素养教育的内容归并到阅读推广工作中显然是不合适的认知及做法。阅读推广并不是图书馆日常活动的补充，也不是大众化的读者活动，它已成为与信息素养教育工作、情报服务工作等同样重要的高校图书馆服务工作重点领域之一。高校图书馆是向读者推广阅读的主体，必须要了解阅读推广的概念范畴，方能有效定位、规划、推动各项工作有效开展。

2. 组织架构

阅读推广已成为高校图书馆的重要工作领域。相应地，高校图书馆亦需要采取有效的组织管理机制来推进此项工作的开展。高校图书馆的传统组织结构通常设置有采编部门、流通借阅部门（或称读者服务部门）、信息技术系统支持部门、参考咨询与情报部门、行政与后勤部门，以支撑图书馆的运营。在而今转型变革及建设全民阅读社会的时代，有许多高校图书馆对传统组织结构框架下的岗位设置及职责进行了调整，也有为数不少的高校图书馆对组织结构进行革新，以适应变化的形势及需求。

一些高校图书馆及部分较有特色的阅读推广组织的图书馆网站的结构设置，列举如下。

北京大学图书馆在新的形势下对组织结构进行了革新，设置了5个业务部门，分别为资源建设中心、学习支持中心、研究支持中心、古籍图书馆特色资源中心、信息化与数字中心，以及1个职能部门：综合管理与协作中心。其中，学习支持中心是负责支持教学、研讨、社交与学习的多功能服务中心。阅读推广相关服务也列为该中心职责范围：针对学生的学习和生活流程，提供形式多样的人文服务，如迎新、毕业系列活动以及针对特定对象的交流活动等，同时负责微信、微博等社交媒体的运营维护与发布等。

南开大学图书馆设有11个业务部门，包括文化建设与推广部、资源建设部、读者服务一部/二部、多媒体服务部、古籍部、信息咨询部、学科服务部、网络技术部、办公室、后勤保卫部。文化建设与推广部的职责：图书馆文化环境建设，策划与组织阅读推广、文化推广、服务推广等工作；开展图书馆文化阵地活动，发挥"服务育人"职能，组织策划专题文献展示活动、导读活动等；策划与开展形式多样的人文素质服务活动，包括迎新、毕业、读书节、服务月等系列活动；组织开展主题读者活动，如读书讲座、读者沙龙、讲座讲堂以及针对特定对象的交流活动等；社交媒体宣传，微信、微博等社交媒体的运营维护与发布等。

上海交通大学图书馆在2008年进行组织革新之后，于2017年再次进行了组织结构改革，设置了6个部门，分别为资源与公共服务部、学习与研究支持部、文化与特藏服务部、平台与技术支撑部、后勤保障与文影部、行政管理与合作部。其中，文化与特藏服务部承担阅读推广工作，其职责范围包括：重点围绕校园文化建设，在培育大学精神、科学精神方面发挥作用，积极配合学校为提升人才的综合素质做出贡献；发展特藏资源建设和特藏服务。人文拓展方面的主要功能为：借助各种媒体、技术与工具，依托讲坛、展览、社会实践等多种载体，开展有效的阅读与文化推广。

武汉大学图书馆阅读推广工作由咨询与宣传推广部负责。该馆组织结构分为3层，总馆下设8个部门，包括党政办公室、总务办公室、资源建设中心、文献借阅中心、信息服务中心、工学分馆、信息科学分馆、医学分馆。信息服务中心下设咨询与宣传推广部、学科服务部、系统部。咨询与宣传推广部的职责为：组织新书展览和宣传导读工作；负责教学与培训组织工作；负责图书馆主页制作与更新；组织开展读者宣传推广活动。

3. 部门职责

（1）部分职能调整

为应对快速变化的外部环境，多数高校图书馆采用了依托传统职能部门——主要是读者服务部流通借阅部，也包括参考咨询部或其他相关部门，来开展阅读推广工作。例如，清华大学、复旦大学、西南大学、华中师范大学、湖南大学、湖南师范大学、云南大学、宁波大学等高校图书馆，将阅读推广工作归入读者服务部、综合流通部、参考咨询部及办公室的业务范围内，作为部门的重要工作职责。这种组织方式的优势有二：一是便于图书馆在不做大的组织调整的情况下开展社会需求的新业务、新服务；二是在稳定推进的基础上推动传统部门的业务创新。

另外，部分高校图书馆虽然没有在部门工作职责中写入阅读推广，但将之纳入学科馆员工作体系。如海南大学图书馆实施学科馆员阅读推广模式，将专业阅读推广规定为学科馆员职责。学科馆员是专业书籍（包括专业数据库）阅读推广的主导者，肩负着专业书籍宣传推广的责任。首都师范大学图书馆学科馆员参与读书小组的组织及阅读辅导工作。学科馆员通过与相关院系的教师学生在知识层面上进行深入交流，可以在充分了解读者需求的基础上，为大学生阅读学科经典提供帮助。

（2）跨部门项目组

从不同业务部门抽调人力组成项目小组，通过部门间的协调推动阅读推广工作，也是不少图书馆的选择。这种组织方式最大的特点在于灵活机动，且便于组织开展阅读推广工作需要的分布于不同部门及岗位上的成员，打破固有部门容易导致的条块分割，促进不同部门间的交流与协作。这种方式对于组织管理者的领导、协调能力要求甚高，对于大型图书馆尤其如此。上海交通大学、同济大学、武汉大学、南京农业大学等高校图书馆都采取或者曾经采取这种工作模式开展阅读推广工作。如在阅读推广部成立之前，同济大学充分重视阅读推广工作的有效开展，为保证"立体阅读"推广工作长期有效地执行，专门组建了一种"矩阵型"机制。这种组织机制是平时由一位图书馆负责人领导223人的工作小组进行阅读推广工作系统规划和选题策划，在确定项目之后，抽调图书馆各个部门的人员组成一个项目工作组，从事具体的策划和实施。例如，在活动中，组建了展览布置、海报与网站专栏设计、影视片选放、相关图书推荐以及征文作品选评等工作小组分别开展工作。待项目完成，抽调上来的工作人员回到原来的岗位中，武汉大学图书馆成立专业的推广服务组，配备专职和兼职人员，开展阅读推广工作。由专职推广工作的人员担任活动策划人员、宣传品的设计人员、网页宣传和全媒体宣传人员的职位。工作组经常进行工作讨论，策划和设计阅读推广内容。

4. 志愿者推广作用

学生作为阅读活动的主体，其阅读活动的参与性直接决定了阅读推广活动的质量。图书馆通过直接组织阅读推广学生社团或是通过与校级学生社团进行合作，从学生的兴趣爱好出发，从而将阅读推广活动举办得更加生动有趣，贴近学生群体。西南大学图书馆学生管理委员会成立于 2014 年 3 月，是由校团委领导和图书馆具体指导的社会实践类校级学生组织。图书馆学生管理委员会的建立，是为了更好地发挥图书馆在学校学风建设中的重要作用，搭建与广大学生之间密切联系的桥梁。图书馆致力于服务全校学生，致力于使广大师生善用图书馆、勤用图书馆、乐用图书馆。

丰富多彩的文化活动，既丰富了师生们的校园文化生活，也锻炼了社团成员的能力，提升了学生的综合素质，达到了文化育人的目的。文化育人中心组织的传统文化活动包括"不见不散"毕业生歌会、文化衫设计大赛、毕业季捐书、"今日我值班"体验活动、阅读推广活动、"虎溪馆赶大集"、读者沙龙、"尚阅斋"阅读分享等活动。

## （二）组织理论

阅读推广工作的成效与高校图书馆对其组织管理的方式紧密相关。当前高校图书馆主要从实践需要出发，为开展阅读推广工作采取了相应的组织架构方式。如果以组织理论为指导、以实践需求为牵引，来设计组织结构，应该更为科学合理。组织理论是管理理论的核心内容，研究组织结构、职能和运转以及组织中管理主体的行为，并揭示其规律性的逻辑知识体系。组织理论的概念最早由卢瑟·古利克和林德尔·厄威克于 1937 年在《组织理论概述》中提出。系统的组织理论经历了古典组织理论、行为科学组织理论、现代组织理论的三个历史阶段。第二次世界大战以后，管理实践推动了组织理论的不断发展，用系统论的原理、方法、思想来分析组织的内部结构、管理活动与环境的关系，成为现代组织理论的重要部分。

### 1. 系统开放性

阅读推广系统具有开放性。阅读推广系统离不开外界环境条件，与社会相互联系。系统接受环境的输入，继而加以转换，然后输出再供给社会。而社会接受阅读推广系统的输入后，又产生了新的社会环境，新的社会环境又再次输出，如此形成一个生态循环体。阅读推广系统，不断地从外界环境中汲取先进的思想理念，以及资源保证，维持其发展的基本要求，不断向前发展。同时又将阅读推广事业的成效传播给周围环境和社会环境，通过营造阅读推广氛围，从而影响高校或是社会文化事业的发展。阅读推广系统与外界环境，通过彼此之间的相互作用、相互交流、相互影响，彼此都不断完善、共同发展。阅读推广活动的目标会随着外部环境需求的改变而不断完善，阅读推广团队也通过不断地自我学习，激发创新思维，更新已有知识，以适应环境的不断变化。阅读推广系统所传递的知识、文化也具有开放性。

### 2. 结构不平衡

不平衡就是无法达到平衡态，指的是在一个系统的内部能量的分布是不均衡的。远离平衡态是有序之源，如果没有远离平衡态，系统仅仅开放是没有用的，因为系统仅在平衡态附近，与外界交流也仅能是起到类似微扰的作用，不能使系统发生本质的变化。只有将系统逐渐从近平衡区推向远离平衡的非线性区，才有可能使系统演化成为有序结构。耗散结构与平衡结构本质上是有区别的。图书馆阅读提要是不断变化着的，高校阅读推广组织遵循远离平衡态的原则，才能建立有效的管理体系。阅读推广团队的成员具有不稳定的特征，阅读推广团往往是新形成或是尚未完全确立下来的，具有较大的不固定性。阅读推广团队成员包含了很多学生志愿者，由于学制等因素，学生志愿者通常不具备较强的约束性。团队成员稳定性较弱。阅读推广活动更强调阅读推广的目标、理念、品质，力求做到推动校园文化的提升，乃至推动社会文化的发展，全民文化素质的进步。因此，反映在阅读推广的文化上则是不能保持静态的平衡状，要不断地自我完善，顺应社会需求的发展，追求创新，不断突破。阅读推广的外部环境需求在一个随机变化、难以预测的环境中，因此更是必须具备"随机应变"的能力。

### 3. 相互作用性

图书馆阅读推广组织的各要素中具有非线性的相互作用的特征。非线性相互作用具有非独立相干性、非均匀性、非对称性等特点。非线性作用是自组织产生与发展的根本原因。阅读推广组织多个子系统之间存在非线性的相互作用。其一，阅读推广的外部环境与阅读推广团队组织之间存在非线性相互作用，能够促进阅读推广团队的发展壮大，激发阅读推广团队成员的积极性与主动性。其二，阅读推广团队成员与读者之间存在着相互非线性的作用。如读者对团队成员组织的阅读推广活动的赞赏与积极参与，或是通过阅读推广活动受到启迪并给予良好的反馈，能够激发阅读推广团队成员工作的积极性和主动性，使他们的工作具有获得感、成就感。

### 4. 趣味性

阅读推广对象即读者，通过阅读推广活动，培养了阅读兴趣，进而形成了崇尚阅读的校园风尚，能够推动图书馆阅读推广机制的发展和完善。其实，阅读推广团队成员之间存在着非线性的相互作用。馆员的科学指导与启发，能够激发学生团队参与的主动性与积极性。与此同时，学生团队的参与和反馈，也能够促使馆员不断调整团队相处模式，从而使阅读推广团队的效益最大化。

## （三）组织结构设计

自组织理论对于高校图书馆阅读推广工作的组织架构具有很强的适应性和指导意义。以用户为中心的"自组织"式的阅读推广组织结构应当有如下特点：第一，阅读推广目标既具确定性又具灵活性；第二，组织者和读者是阅读推广活动的共同主体；第三，阅读推广活动是一个开放的系统，要适应开放的外部环境要求；第四，阅读推广活动过程是一个正负回归的交替运作过程。因此在阅读推广活动中，要形成动态的激励和考核制度。

### 1. 目标确定

阅读推广活动的目标是指阅读推广活动所要达到的预期标准以及读者通过阅读活动所产生的预期效果，也是阅读推广活动想要达成的最终结果。在自组织式阅读推广中，阅读推广活动的目标虽不乏要推进全民阅读的总体目标，但活动的细分目标往往都是暂时性的规划，具有很大的灵活性和不确定性，需要随着活动的开展，以及开展过程中组织者和读者的相互作用而使其不断清晰、明确起来。因此，组织者在制定目标时，要明确其具有纲要的、多元的、开放的、动态的规划特征，对其进行弹性预备。组织者可以采用以下三种方式确定目标：车轮式策略、树枝式策略和网络式策略。车轮式策略是指，组织者在充分了解活动环境以及受众情况的基础上，以某一特定目标为母目标，预先设定各种可能产生的、彼此独立的子目标，并在活动过程中根据实际的活动情境对其灵活择取和选用。车轮式策略的特点是活动目标辐射范围广。树枝式策略是指，组织者依据活动环境以及受众情况，以特定活动目标为基础衍生出与此目标相关的另一个目标，并又以第二个目标为母目标衍生出新的目标。网络式策略是指，组织者依据活动对象以及效果，对活动过程中可能产生的问题与兴趣点进行联想并罗列出来，并以此为基础再进行联想，罗列出相关的问题与兴趣点，最后综合起来形成一个活动目标网络。

2. 组织共同体建立

（1）制度保障

高校图书馆阅读推广的核心因素是人。因此，阅读推广必须充分发挥人的能动作用，要通过制度文化来鼓励竞争，建立完善的激励机制，协同发展。

稳固的制度保障，能够有效地减小阅读推广组织受外部环境、对象反馈等不稳定因素的影响而引发的巨大涨落，从而促进阅读推广组织稳定、成熟。制度设计是高校图书馆阅读推广活动的起点。具体表现在：图书馆建立明确的阅读推广制度体系，将阅读推广写入馆员乃至部门的工作职责，纳入考核评审体系，能够为阅读推广组织的发展提供强有力的制度支撑。高校图书馆应该将推广阅读活动制度化和规范化，从制度层面确保阅读推广工作的规范性和连续性。

同时，根据馆内实际环境的差别，形成稳定的阅读推广队伍，如矩阵式的阅读推广工作组，或是专门的阅读推广部门等。"矩阵型"的阅读推广小组，可以由一位图书馆负责人领导 2～3 人的工作小组进行阅读推广工作系统规划，在确定项目之后，可抽调图书馆各个部门的人员组成一个临时的班子，从事不同的具体策划和实施，并根据活动效果进行反馈优化。具有良好的阅读推广工作基础、对阅读推广工作需求较多的高校图书馆可以成立专门的部门负责阅读推广工作，或是将阅读推广工作写入某一部门的具体工作职责。这是从制度层面推进阅读活动的重要举措，随着阅读推广活动在高校的深入开展，专职部门可以在更大的范围、以更优的人力物力，集中做好阅读推广的宣传工作。

（2）运营团队

扁平化的组织结构能够更加有效地促进协调运营团队的发展。通过进行组织结构的调整和精简，通过运营团队的组织结构的改革变化来推动阅读推广工作的发展。通过以任务为导向的方式，基于某一阶段具体工作，以核心团队为中心，根据具体要求引入具有相关技能的辅助成员共同完成阅读推广工作。

①核心团队。高校图书馆阅读推广是一个常态性的工作，涉及的环节较多，参与人员主体多样，具有复杂性，因此需要一支专业的运营队伍，且运营团队

的核心团员需要由专业的馆员担任，负责推广工作规划的制定、日常运营和与学生团队的沟通协调。高校图书馆可以根据实际阅读推广工作的体量和需求，确定自己的核心团队，既可以成立固定的阅读推广或是文化活动相关部门，也可将阅读推广工作纳入传统职能部门的部分馆员职责，或是组建横向的阅读推广工作组等。推广馆员在高校图书馆阅读推广服务中具有举足轻重的地位，如何激发图书馆员主动学习，提高图书馆员参与阅读推广服务的积极性，保持图书馆员从事阅读推广服务的持续热情，是完成图书馆阅读推广服务人才储备的关键环节。首先，专业馆员队伍需要具有专业的业务能力，熟悉图书馆的馆藏资源与服务，能够制定专业的阅读推广活动规划。其次，专业馆员队伍需要具有较强的沟通协调能力：由于阅读推广工作的复杂性，专业馆员需要和馆内技术部门、资源部门、服务部门等进行沟通协调；同时组织阅读推广活动往往还需要与校内各部门形成联动；专业馆员需要具备与学生团队以及读者的良好的沟通能力，以促进活动效益的最大化。再次，专业馆员队伍需要有明确的分工，根据具体的业务要求对专业馆员的岗位职责进行细分，既有负责专职推广活动的活动策划人员，也有负责宣传推广工作的全媒体宣传员等。同时，专业馆员需要拥有良好的领导能力，能够领导学生团队，充分调动学生团队的主动性和积极性，引导学生团队在阅读推广工作中发挥重大的作用。此外，专业馆员需要拥有对阅读推广工作的极大的热情、认真细致的工作态度和对于该项工作职业认可的使命感和责任感。

②辅助团队。由于阅读推广工作具有多样性的特征，活动形式丰富，内容涉及面较广，需要不断地对活动模式进行创新性探索，单独依靠核心团队很难有效地完成任务。因此，阅读推广工作往往还需要拥有相关专业背景的学科馆员、技术背景的技术人员以及资源馆员等。辅助团队可以根据不同的任务灵活组建，能够实现团队成员之间的优势互补，减少工作的盲目性，从而使团队效能得到最优发挥。比如，组织学科专业阅读，可以吸纳该专业的学科馆员进入辅助团队，能够很好地弥补核心团队成员该专业知识缺乏的问题，也能够使成员之间的交流更顺利，并能对不断变化的开放外部环境做出迅速的反应。

③学生志愿者团队。不同于社会阅读推广工作，学生既是高校阅读推广工作的主要对象，也可以作为管理者，更多地参与到阅读推广工作中来。图书馆成立以学生为主体的阅读推广志愿者社团，不仅拉近了图书馆与阅读推广对象的距离，而且有助于充分便捷地了解学生读者阅读需求。通过参与策划丰富多彩的文化活动，锻炼了社团成员的能力，提升了学生的综合素质，达到文化育人的目的。学生志愿者的形成也符合自组织的特征，他们由于对阅读推广的必

趣爱好或是自身能力发展的要求而自发加入,运转和管理也具有充分的自治性。因此,学生志愿者团队的发展也会经历自创生、自生长和自适应这三个发展阶段。在自创生阶段,学生由于自身兴趣等因素加入阅读推广志愿者团队;在自生长阶段,随着志愿者团队的壮大,根据各自的兴趣爱好、专业技能、学科背景等进行更进一步的分工,在这一阶段管理制度建立完善,学生团队的分工更加明确,团队的稳定性也逐步加强。在自适应阶段,团队成员要根据外部阅读环境的变化、读者需求接受程度的变化等不断加强沟通交流,进行自我调整,进入成熟稳定的运营期。专业馆员需要对学生志愿者团队进行专业引导、培训考核等,不断引导团队走向成熟。

# 第五章 媒体新技术在高校图书馆中的应用

本章讨论了媒体新技术在高校图书馆中的应用，主要分为三部分：网络图书馆、手机图书馆、数字图书馆。通过对以上内容的分析，可以掌握媒体新技术在图书馆运行中所起到的作用。

## 第一节 网络图书馆

### 一、图书馆网站分类

从各图书馆创建的阅读推广专题网站内容来看，主要分为四类。

#### （一）阅读推荐网站

阅读推荐网站，通常包括新书推荐、借阅排行榜推荐、经典推荐、教授及学子推荐，北京大学图书馆和清华大学图书馆在此方面颇具典型性。

北京大学图书馆的"阅读推荐"专题网站包括"新书通报"、"教授推荐阅读"和"学子推荐阅读"。"新书通报"设置了按月、馆藏地分类的浏览方式，按上架时间、分类号、题名、作者、关注热门程度排序，并设置有"热门关注图书榜"。每一本新书，展示的元素除了出版项，还包括图书封面图片、内容简介、作者简介、目录、索书信息、相关图书。教授和学生推荐阅读标明了推荐图书的出版项及索书信息。清华大学图书馆的"读在清华"专题网站包括"专题书架""每周甄选""新书通报""借阅排行"四个栏目。"专题书架"指定期按照主题拟定书单推荐阅读，如新生入校时推出"大学第一课"专题，鼓励大学生创新创业的"年轻人，创业吧"专题，讲述学校历史、增强学生对学校的认同感和归属感的"清华人与清华大学"专题，庆祝全民族抗战胜利70周年的"抗战胜利70周年"专题，针对专门的文学经典著作的"陈忠实与白鹿原"专题等。

"新书通报"为定期通报社会科学、文学、艺术、自然科学、生命科学、医药学、工业技术、综合性图书等类别的新书。"每周甄选"指每周精选推荐一定数量的新书。"借阅排行"指以年度为单位，按照每种图书在图书馆出借的次数，列出图书借阅排行榜，分总榜、社科类、科技类和文学类四个类别。对于所推荐的图书，网站提供题录信息、馆藏信息，及从其他网站抓取的图书简介、豆瓣书评和相关视频信息、社会化阅读信息，以及在线试读。

### （二）经典图书全文网站

南京大学图书馆的"悦读经典"、中国人民大学图书馆的"读史读经典"、西安交通大学图书馆的"100本经典"都是为推广经典阅读而创建的全文图书网站。

### （三）线上展览网站

线上展览网站有北京大学图书馆的"在线展览"、同济大学图书馆的"网上展厅"、中国海洋大学图书馆的"文化展厅"等。

### （四）阅读推广活动汇集展示网站

设计阅读推广活动汇集展示网站关键要考虑读者的兴趣与感受，因此活动汇集展示网站的名称需令读者一眼即知其内容，以吸引读者进入网站去查看。在此方面，东南大学图书馆的设计可谓一目了然。该馆与阅读推广相关的专题网站有："阅读推荐"，其基于国内高校各类推荐书单、国内知名图书馆借阅排行榜、亚马逊和当当网近三年图书排行榜、豆瓣热门书单、BBS读者推荐等12种书单来源，整理成文学、哲学、艺术、历史、经济、社会政治、心理健康、科学素养8个版块，共计500种图书，每周三在图书馆微信公众号和网站上同步推出最新一期书单；"阅读推广"，其下设"读书节"（历年读书节活动）、《书乐园》（馆办读书刊物）、"读书会"（学生读书社团）。兰州大学图书馆创建的"书香兰大"专题网站则是较全面地汇集和展示阅读推广工作的代表，设有工作动态、阅读视界、好书推荐、精彩书评、阅读排行、阅读之星、图书捐赠与漂流专栏。

## 二、网络环境对服务的影响

### （一）服务范围扩大

网络环境下图书馆开始越过"围墙"，从固定场所走出去，主动接触用户，改变了传统的文献服务模式，在信息的采集、加工、组织、服务方面，面向网络环境，以新的方式组织、控制、传播信息，建立了辐射型的开放型服务系统。服务由馆内向远程发展，读者在网上可以获得多家图书馆的服务，不存在因多人使用而发生冲突的问题。

### （二）服务模式变化

在网络环境下图书馆可基于内部局域网、校园网、国际互联网等模式为用户提供形式多样、内容丰富的信息服务。信息检索和使用的界限逐渐模糊，提供珍贵文献和智能服务将成为重点，个性化服务、特色化服务、网络信息导航服务和用户培训会受到重视。图书馆服务工作从以满足读者书刊借阅的文献需求为主的模式，转移为以满足读者的知识信息需求为主，以知识开发服务为主要功能的模式。

### （三）服务形式多样化

图书馆可开展联机书目查询、网上检索、网上咨询、远程登录、预约登记、网上培训、馆际互借、专题讨论或电子论坛、布告栏服务、信息检索、电子邮件、用户点播、远程电视会议等服务。

## 三、网络环境对设施的影响

建筑、设备为图书馆开展各项活动提供了必要的空间环境和工具。传统图书馆由于受以藏为主观念的影响，因而在建筑构成上收藏和保存文献用的库房占较大面积，功能也较单一；在设备配置上则以常规的设备为主，主要包括藏书设备、阅览设备和机械设备。网络环境对图书馆建筑、设备的影响表现为以下几方面。

①要求设备先进。为了充分利用新型电子文献，提高服务质量和效率，图书馆将不断引进先进的技术和设备，如计算机、专用服务器、扫描设备、打印设备、触摸屏等。

②要求馆舍具有智能性。即配置有楼宇自动化系统、办公自动化系统与管理信息系统、先进的通信网络系统，并通过结构化综合布线系统使各种功能构成统一的整体。

③要求布局合理。根据信息技术应用的要求设置专门场所，如设置具有相当空间的电子阅览室、信息检索室等，以营造良好的学习和交流文化信息的氛围。

## 四、咨询模式的转变

### （一）转变方向

随着互联网的发展，产生了一大批电子化、数字化的信息，改变着人们获取和传播知识信息的方式。图书馆在竞争和机遇中求发展，借助网络和数字化技术创建了丰富的虚拟馆藏，同时开展了网络信息咨询服务。就历史的进展而言，可以说传统参考咨询是网络参考咨询的基础，网络参考咨询是传统参考咨询的继承和发展，二者体现了历史的延续性。但这并不意味着图书馆的参考咨询服务从此便是网络参考咨询服务的天下。事实上，正如传统的图书馆不可能被数字图书馆完全取代一样，图书馆的传统参考咨询服务也不可能完全被网络参考咨询服务取代。但是，为了适应社会的发展、满足用户的需求，图书馆信息咨询必须与先进的信息技术相结合，形成一种综合性的信息参考咨询服务模式。

### （二）新式咨询方式

#### 1. 实时交互

实时网上参考咨询服务将成为图书馆参考咨询服务一种新的发展趋势，也是一种切实可行的服务方式。在知识创新、传播的过程中，交互是不可缺少的。只有在交互中，才能发现知识、创新知识。现代的咨询软件应用系统不仅应提供读者与咨询员之间直接交流的平台，而且应将交互的内容记载下来，以便在需要时由咨询员形成具有共性的专题解答，产生新的系统化知识。同时，实时图书馆参考咨询服务应遵循统一的读者认证、服务结算原则，并接受咨询监督管理。实时网上参考咨询服务有多种形式，"交互式"咨询服务是以电子邮件和留言板为主要手段提供的咨询服务。在图书馆主页设置电子邮件或"留言板"的链接，用户将咨询问题以表单的方式提交给咨询馆员，咨询馆员在最短的时间，以相同的方式如 Web、可视白板等，将答案反馈给咨询用户。而在实际工作中采用较多的是可视交谈白板，教学科研人员与参考咨询馆员利用摄像机、话筒及交谈软件和商务软件，通过下载安装插件便能在网上面对面进行可视同步交流，并有图像和文字显示，同时伴有声音，可以取得教学科研人员不出门便与参考咨询馆员当面交谈的效果。这种服务有效地解决了不当面谈就难以把握教学科研人员真实需求的问题。它极大地方便了教学科研人员，使他们随时可以与参考咨询馆员进行实时音频、视频交流，获得所需信息咨询服务。

### 2. 请求单

由读者填写咨询请求单，提交给图书馆，由咨询馆员逐一受理请求，并在读者指定时间内交给有关咨询专家解答后反馈咨询结果。由于整个请求的解答需要一定的周期，而且可能涉及其他相关的图书馆，因而必须建立一整套的机制，使读者能够知道其请求目前所处的状态。应用平台可保存请求提问与咨询的结果，以形成可重复使用的知识单元。电子邮件咨询系统为基本的请求单咨询方式。

### 3. 知识体系咨询服务

知识体系的咨询服务是指按照知识的学科体系及分类结构、知识的不同形态、知识的语言学原理和知识的关联方法等内在要求，重点对本馆在线与非在线的图书、期刊、图片、视频、音频、数据库、多媒体和网页等各类信息资源进行"知识化"的有序重组与集成，以动态分布的方式为用户提供"一站式"的咨询服务。图书馆应根据读者群、资源特点，有计划、有合作、有重点地引进与建设专题资源，形成特色专题数字图书馆，并提供给读者使用。专题数字图书馆资源的累积是主动建设参考咨询知识体系的重要举措，也是网络环境下参考咨询体系的重要组成部分。专题数字图书馆是现代图书馆读者服务的重要窗口，是将到馆服务和网上服务相结合开展的服务。

## 五、个性化服务定制

### （一）主要作用

目前，互联网上的网页浩如烟海、信息庞杂，现有的搜索引擎信息搜索精度较差，另外，网上信息的受控性差、随意性大，特别是信息整序不够等缺点是显而易见的。因此，面对国内外与日俱增的网上信息资源，读者（用户）迫切需要图书馆提供交互网络信息化服务等个性化定制服务。通过个性化定制系统，用户可以快速准确地获得所需要的信息资源，克服网上信息资源搜索、整序精度差的问题。

### （二）发展方向

#### 1. 专业化

大而全的信息服务往往难以深化，因此特定领域、特定用户和特定需求的垂直门户网站便成为网络信息服务发展的一种趋势。垂直门户网站的特点在于它对网上的专题信息资源进行收集、鉴别、筛选、过滤、组织、描述与评论，组织目录式索引提供源站点地址，并带有专业搜索引擎。与综合性门户网站的包罗万象、信息粗浅、搜索引擎效率低相比，垂直门户网站并不求大求全，而是力求特定领域信息内容的全面和专深，立足于提供某一领域的精品服务，这种特定服务可以有效地把对某一特定领域信息感兴趣的用户与其他用户区分开来，更能满足用户的特定信息需求，从而提供高质量的个性化信息服务。而用户的个性化信息定制需求也集中于专业学科研究领域，需要图书馆能及时提供有关课题的研究现状、研究地位和前沿、学科动态，信息内容越专深，用户的满意度就越高。因此，个性化定制服务和垂直门户网站的结合，可以优势互补，使个性化定制服务更好地满足用户需求，同时也使其本身的服务进一步向纵深方向发展。

### 2. 以用户为中心

个性化定制服务为用户提供符合个人需要的服务,本身就是"以用户为中心"思想的体现。但现在的个性化定制服务在提供服务的过程中并非都能很好地体现以用户为中心原则。要真正做好个性化定制服务,必须将"以用户为中心原则"作为出发点和归宿,在服务过程和系统设计时要进行调查分析,考虑服务的用户群类型、特征,分析用户的真正需求。要不断增强系统的服务功能及其与用户的交互性,为用户创建自己的信息集合提供足够的弹性,并能实现图书馆馆员和用户之间附加的、同步的交流,如增添新的交流渠道,包括实时在线聊天、电话或视频会议等,使用户可以将更多的时间用在评价数据、信息或知识的价值上。

## 六、IC 构建

高校图书馆构建 IC 不仅具有理念上的重要价值，而且具有现实必要性；不仅对图书馆本身的发展重要，而且对于高校教育理念的发展也很必要。

### （一）必要性

#### 1. 实现核心价值

从 IC 的本身内涵去分析，IC 是一个经过特别设计、确保开放获取的"一站式"服务设施和协作学习环境，它整合了使用方便的互联网络、功能完善的计算机软硬件设施以及内容丰富的知识库资源。分析 IC 的这一概念，我们可以清楚地知道，IC 是经过特别设计的一个空间，读者在这个空间内，不仅可以享受便捷、专业、高效的"一站式"服务，还能使自己的素养尤其是信息素养和IT素养得到提高，使自己具备现今社会所必需的信息获取能力。未来的图书馆将超越传统的服务方式，将会在先进技术的驱动下为读者提供一个"学习中心和信息中心"，而图书馆构建IC正好顺应高校图书馆的发展趋势，满足读者对图书馆的需求，从而实现高校图书馆在高校校园中的核心价值。

2. 提升图书馆地位

高校图书馆一直在高校中处于重要位置，有的人甚至将高校图书馆视为"高校的心脏""知识的殿堂"。如今，随着高校的发展，在技术的驱动下，图书馆也面临着变革，为适应这种技术驱动的变革，一些新的概念和实践逐渐被引进图书馆界，IC便是一例。作为一个生长着的有机体，图书馆需要主动变革，在强化其传统功能的基础上塑造新的形象。令人欣慰的是，国外实践了十多年的IC具有这种效用，它能够从读者的角度出发，而且它的"以读者为中心"的设计理念赢得了读者的肯定，并产生了实际的效果。它不仅提供了一个学习空间，为科研和教学提供了更优质的信息服务，还培养了读者处理问题的能力，为他们走向社会打下扎实的基础。因此，在新的环境下，图书馆地位不但没有下降，反而得到了提升和强化；功能也得到进一步拓展，如具有休闲式学习功能的"咖啡公地"的出现等。这些成功的IC实践经验对我国高校图书馆的IC实践无疑具有借鉴意义，其提升图书馆地位的功能也是明显的。

## （二）设施建设

IC建设应以最大限度地满足用户需求为目标。其各个服务区和工作站的设计与规划都应符合用户的学习和研究习惯，以有利于资源的获取和利用；为用户创造良好的学习氛围和舒适的环境，以便于用户学习、交流和协作研究。借鉴国外的经验，通常将IC划分为以下几个服务区。

①开放学习室。它类似于传统的电子阅览室，用于信息检索、数据库使用和计算机软件等课程的学习和培训，同时也用于网络资源的搜索和图书馆数字资源的使用。

②参考咨询和学生工作站。在这里，用户可以享受传统的参考咨询服务，也可获得对有关技术操作问题的解答。国外大多数图书馆已经为此配备了参考咨询专家和专业的IT技术人员，为用户提供专业的服务。

③个人学习室。它是为了满足个人研究者对安静环境的需要而设立的。一般可容纳2～4人，配有网络信息接入点，并可提供深层次、一对一的研究帮助和培训。

## （三）实施策略

### 1. 构建实体空间

实体空间的实现目标是在整个 IC 实体环境中针对各类型读者的需求，营造多个大小适宜、布局合理、设施完备的服务区和学习空间。服务区的设计要符合读者学习和研究的习惯，有利于资源的获取和使用，要运用声学、灯光和视觉艺术等手段，营造良好的学习氛围和舒适的环境。常见的服务区有开放式资源获取区、参考咨询台、IT 技术支持台、协作学习区、独立研究室、训练指导室、多媒体制作室、休闲区、咖啡吧和外语自助学习区等。

由于 IC 是读者学习、交流和共享知识与思想的场所，也是学术和社会活动的融汇点，所以，既要考虑营造学术氛围，又要兼顾社区生态，使读者感到舒适、放松和愉快。功能区域分隔应选择合适的设计策略，既要视野开阔又要隔音降噪，既能使读者行为自律又能激发他们的学习热情。实体空间要有利于促进学习，要考虑协作、合作与自主的融合。家具和服务设施的配置要考虑其灵活性和适用性，使其能够根据读者不同时期需求的变化随时进行调整。

### 2. 选择服务组织模型

服务组织是 IC 最关键的组成部分。组织体系与运行机制直接决定着运行效率与服务质量，服务组织的组建最具挑战性。案例研究表明，独立管理、合作管理或合并管理，均有其优势和局限。选择时不能简单套用，必须认真考察图书馆现有的服务体系、设施、资源及人力等条件，结合图书馆自身特点、学校组织环境及发展战略，实现组织体系创新。采用合作管理模型时，必须明确与合作伙伴之间的关系和各自的职责范围，制定明确的服务协定和完善的服务规范，健全通信手段和报告流程，畅通读者信息反馈渠道，实现闭环管理和高效运行。无论采用何种组织模型，为读者提供全面的服务是最重要的。

### 3. 选择构建模式

构建模式必须与实现目标和发展战略相适应。案例研究表明，计算机室型是基础，图书馆整合型是主流，IC 大楼型是发展趋势。在具体的项目中可根据实现目标选择一种模式或多种模式的组合。比如，电子阅览室和参考咨询台是大学图书馆最常见的服务设施，与 IC 服务模式相比，它们的不足在于缺乏功能整合的理念。在现有条件下实现 IC 最简捷的方法是引入 IC 理念，在计算机室型模式的基础上，扩展图书馆整合型模式的部分功能，即改善空间环境。整合电子阅览室与参考咨询台的功能、组建服务队伍、扩展服务项目，并逐步实现与其他服务区的有效整合。

# 第二节 手机图书馆

## 一、微信图书馆

在移动阅读、社交阅读模式迅速普及的当下，人们获取信息的渠道、方式极为丰富。图书馆也相应地推出了基于微博、微信等的服务。根据《微信2018影响力报告》，微信占中国移动流量消耗额的34.8%。基于微信广泛的影响力，高校图书馆越来越多地通过它来开展阅读推广工作。目前图书馆阅读推广对于微信的应用主要基于它的信息推送功能与社群功能。

基于微信公众号，图书馆主要推送的信息内容包括：①阅读活动通知与报道。②图书推介信息，通常为新书、热门图书、经典图书、获奖图书等。③书评，主要来源于师生创作或是书刊媒介上发表的专业书评。④排行榜书单，包括借阅排行榜、综合性图书销售排行榜书单等。⑤推荐书单，通常由学者名流推荐。这类推送，有的作为图书馆官微的阅读专栏定期发布，具备持续性与常规性；有的直接作为图书馆推送信息发布，相对而言随意性较强。沈阳师范大学图书馆是创建官微阅读专栏的典型代表。该馆微信公众号后台专门开辟了好书荐读栏目，在该栏目下有"畅销书榜""借还书榜"等馆内图书榜单；有"新书上架"的新书入藏清单对新书进行推荐阅读；有"书人书事"专栏选录名人阅读故事，鼓励读者开卷阅读；"每日一书"专栏每日推荐一本馆藏图书，让读者更多地了解深藏于图书馆的好书；"获奖图书"栏目从获得奖项认可的视角，向读者推荐获奖好书。北京科技大学图书馆获得2017年度国际图联第一名的案例就是在图书馆微信公众号上设置"READay"专栏，每天推介一本图书，推介的内容由学生原创的书评和书中精彩片段构成。

除了信息推送，图书馆往往会综合利用微信公众号的社群功能，主要有两类应用：①创建阅读交流群，群内可以发布各类与阅读相关的知识、资讯，可以举办线上讲座，也可以群员交流；②促使参与读书活动的成员在朋友圈发布关于所读图书、读书心得、阅读图照等信息。通过成员的阅读情况、阅读活动的朋友圈影响力来综合评定阅读推广成效。

多数高校图书馆通过应用公众号推送信息或是创建阅读专栏的方式来推广阅读。阅读专栏有自建及依托于商业阅读平台创建两种模式。部分图书馆依托于"超星微服务平台""e博在线""畅想之星""智读""龙源期刊""汇文系统"等创建图书馆微信公众号中的阅读推广栏目。其中，前两个平台被采用较多。

另外，也有图书馆创建了以阅读推广为核心的图书馆微信公众号。西北工业大学图书馆2016年推出了"书小白"阅读推广平台，菜单包括"我的图书馆""小白攻略""活动概要""优选书单""积分查询""我要上墙""导师征集""我要谏言"，以做任务、赢积分、升等级为基本思路，通过线上提交作业（包括阅读瞬间图片、朗读音频、读书感悟、沙龙发言等）、上墙展示、推荐作品、问答互动，线下配以沙龙、微讨论、观影等现场活动，来陪伴及引导"书小白"向"书小生""书小儒""百分大咖"转变。该创新实践获得2016年第二届全国高校图书馆服务创新案例大赛一等奖。

## 二、App 图书推广

App 为 Application 的缩写，一般指手机应用程序。从 App 在发展和运营过程中主要依托优势的角度可以将国内移动阅读 App 大致分为资源类、用户类、技术类、电商类、渠道类。

### （一）资源类 App——以《书旗小说》为例

资源类 App 的运营方主要为内容提供商，包括原创文学网站和出版商等，他们依托自身资源优势开发研制了移动终端化的阅读类 App，如《书旗小说》《起点读书》等。用户类 App 的运营方主要为自身就拥有大量用户群的公司或平台，在推出 App 后，利用自身大量的用户资源优势在用户间迅速推广，如《QQ 阅读》《百度阅读》等。

1. 推荐与激励机制

①推荐榜单制度。书城资源浩瀚，用户如何选择是一个难题。书旗小说采用推荐榜单的机制帮助用户选择。以书城版块为例，该版块默认为精选页面，此外也可以按照自己的喜好进入女生、男生和二次元页面。不同的分类页面会有不同的图书推荐。如精品页面所推荐的书包括最好看的书、精品专场、影视热门出版、点击上万的好书、大家都在搜、最热书单、原创作品、大神巡展、听书专区、根据兴趣匹配、二次元专区、男生最爱、女生最爱等。此外还有分类热门书单、各种原创作品人气榜单、出版作品畅销榜、新书榜、推荐榜等榜单，会员专享图书、完结图书和已出版图书等。

②定制阅读喜好，可以选择不同的分类主题标签（如现言、穿越、玄幻、都市、悬疑、名著等），根据阅读偏好个性化推荐书籍。

**2. 互动机制**

《书旗小说》App 包含两种互动机制。第一种是读者 - 作者互动机制。一方面读者可以通过投推荐票、打赏、月票、在评论区评论等方式与作者进行互动，表达对书籍的喜爱，激励作者创作；另一方面作者也可以通过读者的反馈，调整自己的写作内容或风格。此外，App 还可根据读者投票数据形成粉丝排行榜，通过排名鼓励读者投票。第二种是读者之间的互动机制，不过读者之间仅能评论和分享到社交媒体进行互动。

**3. 激励机制**

鼓励每天签到，签到页面有一棵小树苗，签到一次则为小树苗浇水一次，寓意阅读的小树苗苗壮成长。累计签到一定时间可获得一定奖励，如抽奖机会、豆券等，使用豆券可以在有效期限内购买商城的图书。

**4. 反馈机制**

读者可以对书籍打分，进行评论；还可以针对具体的某一部分内容反馈错误或有问题的信息。另外，《书旗小说》App 还有更新连载书的功能，以方便读者追踪网络小说的内容更新；有本地导入、Wi-Fi 传书功能，方便读者从别的渠道下载书籍后使用该 App 进行阅读。

## （二）用户类 App——以《QQ 阅读》为例

**1. 推荐与激励机制**

①推荐榜单制度。《QQ 阅读》在"精选"栏目中采用榜单制度来向用户推荐图书，包括排行榜、精品推荐、包月推荐、书单广场、完本小说。仅排行榜就有 5 类 46 个榜单。其中较有特色的是书单广场，该广场主要是最新、最热的各类主题书单推荐，还对一定级别以上的会员提供定制个人书单服务。

②定制阅读推荐。选择感兴趣的阅读主题，开启专属推荐。

③阅读基因。读者在 App 平台上进行的所有阅读行为都会记录为该用户的阅读基因，并用于以后的阅读推荐。

**2. 互动机制**

《QQ 阅读》App 同样包含读者—作者互动和读者之间互动两种机制。读者不仅可以通过投推荐票、打赏、月票、在评论区评论等方式与作者进行互动，还可以花费书币进行提问，有机会得到作者的语音回答。读者不仅可以对某本书进行评论，还可以对这本书的某一特定章节，甚至某一段、某一句进行评论和互动。

### 3. 激励机制

鼓励每天签到，累计签到一定时间可获得一定奖励。鼓励阅读，可用阅读时长兑换书券，用户可享受双倍兑换书券特权，但是每次兑换的书券7日内有效。鼓励在平台内的各项操作，可以获得成长值，有一套较为完善的成长值提升和奖励体系。另外，《QQ 阅读》打开时默认页面上会有醒目的数字提示本周阅读时长（按分钟计算），激励读者阅读。

### 4. 反馈机制

读者可以对书籍打分，进行评论；还可以针对具体的某一部分内容反馈错误或有问题的信息。图书信息维度包括字数、读者评分、读者评分人数、分类主题、作者、收藏数、阅读数、赞赏数、书评条数、参与人数、同作者作品、收录了本书的书单、同一本书的书友还读过的书，以及其他图书信息（上架时间、出版社等）。

另外，《QQ 阅读》书架页面还支持导入书籍、按分组找书、批量管理、连载更新提醒等功能。

## （三）技术类 App——以《掌阅》为例

技术类 App 的运营商为擅长移动阅读技术的公司，主要依托自身的先进技术和创新思维，在移动终端上开发研制出符合用户移动阅读需求的 App。

### 1. 推荐与激励机制

《掌阅》App 主要在书城版块中采用榜单制度向用户推荐图书，排行榜包括月票榜、用户喜爱榜、新书榜、主编推荐榜，此外还按照图书的分类资源提供不同的推荐榜单。如对于出版图书，就有书城畅销榜、特价折扣榜、更多权威榜等。此外，还会为读者分类提供热门书单、新书书单和好评书单。

### 2. 互动机制

由于《掌阅》主要依托的优势为技术，旗下并没有签约作者资源，所以其主要的互动机制为读者之间的互动。读者可以对某本书进行评论，也可以选定这本书的某段文字进行评论或分享。App 还专门建立了书友圈子，读者可以在专门的书圈中分享阅读心得。

### 3. 激励机制

鼓励每天签到，签到可抽奖领取福利，累计签到一定时间可获更多奖励。此外还可以完成一定的任务领取奖励，如新人任务、参加阅读计划、日常任务和特定活动任务等。《掌阅》还会定期组织阅读推广类活动，如邀请青少年的偶像列出书单，组织大家和该偶像共同阅读书单中的书籍，每天打卡签到，并发布阅读心得。

### 4. 反馈机制

读者可以给书籍投票、打分、点赞、评论，还可以针对具体的某一部分内容反馈错误或有问题的信息。图书信息维度包括字数、价格、读者评分、读者评分人数、作者、点赞数、在读数、粉丝数、最新章节、书圈人数和评论数、相似图书推荐、相关书单，以及其他图书信息（字数、上架时间、免责声明等）。

## （四）电商类 App——以《Kindle 阅读》为例

### 1. 推荐与激励机制

①阅读推荐。《Kindle 阅读》App 会根据自己所收集的用户阅读和购买图书数据，推荐图书。推荐图书维度有所购买图书中的相类似图书、具有同样阅读习惯的用户所阅读的书、常用购买类别中的其他书籍等。针对用户的阅读习惯推荐图书，为《Kindle 阅读》图书推荐机制最大的特点。

②推荐榜单制度。《Kindle 阅读》的榜单有畅销榜、新书榜、口碑好书榜、主题书单、分类书单等。

### 2. 互动机制

《Kindle 阅读》App 基本只能对整本书进行评论，对特定的文字进行标注和分享，其他的互动渠道并不多。在阅读时也只能看到某段文字做了多少次标记，而无法看到别人对这段文字的评价，比较适合私人阅读。

### 3. 阅读激励机制

可以购买 Kindle Unlimited 电子书包月服务，月付 12 元或年付 118 元即可畅读 10 万多本精品中英文电子书。

### 4. 反馈机制

读者可以对书籍打分，进行评论。图书信息维度和商品购买页面类似，有书名、作者、评分、价格、买家评论、Kindle 版图书信息、图书其他信息、其他类似图书推荐等。

另外，该 App 与 Kindle 电子书阅读器、Fire 平板电脑完全同步，如果同时拥有平板电脑和 App，就可以同步阅读进度、标注等，还可以随时随地为使用相同账号的家庭其他成员买单。该 App 还保障私人阅读空间，不会发送各类广告信息。

### （五）渠道类 App——以《咪咕阅读》为例

#### 1. 推荐与激励机制

《咪咕阅读》在推荐版块进行阅读推荐，排行榜中根据分类推荐高人气榜单、新锐图书榜单、经典完本、潜力新书、免费畅读榜单。

#### 2. 互动机制

如果在《咪咕阅读》App 中阅读的图书为连载网络小说，其互动机制包括读者之间的互动和读者与作者的互动，可以对某本书写评论，也可以对特定的文字写下心得笔记，和阅读同一本书的读者进行交流；还可以对作者进行投月票、打赏等操作。如果是出版类小说，则只有读者之间的互动。

#### 3. 激励机制

分享送书券，签到领书券，累计签到 15 天可以抽奖，每月全勤可以送书券，所送书券可以在线购买图书。此外，在 App 内进行阅读，阅读超过 30 分钟还可以领取 0.5 元书券，每周领取上限为 5 元。

#### 4. 反馈机制

读者可以对书籍打分，进行评论。图书信息维度包括书名、评分、作者、金额、分类、字数、是否完本、小编推荐评语、书籍简介、视频导读、评论、包含本书的热门书单、作者的其他作品、本书的作者还看过的书、其他推荐图书。

## 第三节　数字图书馆

### 一、产生背景

随着信息技术的发展，需要存储和传播的信息量越来越大，信息的种类和形式越来越丰富，传统图书馆的机制显然不能满足这些需要。因此，人们提出了数字图书馆的设想。数字图书馆是一个电子化信息的仓储，能够存储大量各种形式的信息，用户可以通过网络方便地访问它，以获得这些信息，并且其信息存储和用户访问不受地域限制。数字图书馆是传统图书馆在信息时代的发展，它不但包含了传统图书馆的功能，向社会公众提供相应的服务，还融合了其他信息资源（如博物馆、档案馆等）的一些功能，提供综合的公共信息访问服务。可以这样说，数字图书馆将成为未来社会的公共信息中心和枢纽。信息化、网络化、数字化，这一连串的名词符号其根本点在于信息数字化；同样电子图书馆、虚拟图书馆、数字图书馆，不管用什么样的名词，数字化也是图书馆的发展方向。

## 二、内容组成

①一定规模并从内容或主题上相对独立的数字化资源。

②可用于广域网（主要是 Internet）服务的网络设备和通信条件。

③一整套符合标准规范的数字图书馆赖以运作的软件系统，主要分信息的获取与创建、存储与管理、访问与查询、动态发布以及权限管理五大模块，类似于图书馆集成管理系统对于传统图书馆所起的作用。

④数字图书馆的维护管理和用户服务。

## 三、服务方式

数字图书馆的服务是以知识概念引导的方式，将文字、图像、声音等数字化信息，通过互联网传输，从而做到信息资源共享。每个拥有任何电脑终端的用户只要通过联网，登录相关数字图书馆的网站，都可以在任何时间、任何地点方便快捷地享用世界上任何一个"信息空间"的数字化信息资源。

数字图书馆既是完整的知识定位系统，又是面向未来互联网发展的信息管理模式，可以广泛地应用于社会文化、终身教育、大众媒介、商业咨询、电子政务等一切社会组织的公众信息传播。

随着计算机和网络技术的研究和发展，数字图书馆正在从基于信息的处理和简单的人机界面逐步向基于知识的处理和广泛的机器之间的理解发展，从而使人们能够利用计算机括电子商务、教育、远程医疗等，发挥极其重要的作用。

## 四、优势

数字图书馆主要有以下几个优点。

## （一）资料不易损坏

数字图书馆是把信息以数字化形式加以储存，一般储存在电脑光盘或硬盘里，与过去的纸制资料相比占地很小。而且，以往图书馆管理中的一大难题就是，资料多次查阅后就会磨损，一些原始的比较珍贵的资料，一般读者很难看到。数字图书馆就避免了这一问题。

## （二）检索查阅便捷

数字图书馆都配备有电脑查阅系统，读者通过检索一些关键词，就可以获取大量的相关信息。而以往图书资料的查阅，都需要经过检索、找书库、按检索号寻找图书等多道工序，烦琐而不便。

## （三）远程传递迅速

图书馆的建设是有限的。传统型图书馆位置固定，读者往往要花费大量的时间在去图书馆的路上。数字图书馆则可以利用互联网迅速传递信息，读者只要登录网站，轻点鼠标，即使和图书馆所在地相隔千山万水，也可以在几秒钟内看到自己想要查阅的信息，这种便捷是以往的图书馆所不能比拟的。

## （四）多人同时使用

众所周知，一本书一次只可以借给一个人使用。在数字图书馆则可以突破这一限制，一本"书"通过服务器可以同时借给多个人查阅，大大提高了信息的使用效率。

# 五、发展趋势

## （一）数字化存储

数字化的信息资源将成为数字图书馆的主导资源，这就对存储信息管理技术提出了更高的要求。要保证资源的广泛性、全面性和利用时的效率就要求其存储的数据总量必然达到了海量规模。如美国国家数字图书馆计划，1999年数字化资源的总量就已达100TB，英国国家图书馆现有的数字化资源已超过1000GB，法国数字图书馆中的数字化资源总存储量在300CB以上。

## （二）引进技术

数字图书馆建设涉及计算机、网络通信等多领域多技术的综合集成，随着信息技术的不断发展，计算机和网络通信技术发展也十分迅速，新技术层出不穷。国外发达国家先于我国进行数字图书馆的研究、开发和试验，我国的数字图书馆建设应该积极引进国外先进、成熟的技术，借鉴他们的经验和教训，努力实现跨越式发展。

### （三）标准化研究

数据的标准化和规范化是实现数字图书馆资源共享的前提和根本保障，目前世界各国都在加紧制订相关技术标准以取得信息控制权，为实现数字图书馆中的分布式数据库跨库检索，必须实现文献信息资源的数字化，传递、运用等方面技术应用的标准化和规范化，通过标准化技术平台来实现数字图书馆资源的共享。

### （四）资源共享

实现全球资源共享是数字图书馆建设的终极目标，数字图书馆建设涉及的技术和资源范围极广，仅靠单位个体的力量是无法办到的，重视合作显得尤为重要。创建全球数字图书馆是未来图书馆的发展趋势，它将为全球用户以极低的成本、极快的速度存取分布在全球的众多数字化信息资源库里的信息。

### （五）知识产权管理

由于实现了全球资源共享，知识产权管理问题显得越来越重要，解决不好将影响和制约数字图书馆的发展。要加强数字化资源的知识产权管理，修订著作权法和计算机软件保护条例，解决知识产权管理方面存在的问题。加强法制化建设，积极参与立法建设，充分利用法律手段，尊重用户权利，合法利用文献所有权、复制权，数据库使用权等权利，来开发与利用数字资源。

### （六）个性化服务

数字图书馆的资源建设特色化和服务个性化，是数字图书馆发展的又一大特征。由于信息资源的高度集成，重复建设只能造成巨大的浪费，因此数字图书馆的资源建设要更具特色。同时转变服务方式变被动为主动，随时发布和传播各种信息资源的消息，提供导航式和个性化服务。

## 六、发展模式

经过了十几年对数字图书馆各种主要技术的研究和相关技术的发展，为建立现实的数字图书馆打下重要的技术基础，现已诞生或正在建设一批数字图书馆，主要有三种类型。

## （一）特种馆藏型模式

将自己图书馆的珍藏（包括善本、古籍和珍藏）或特种馆藏（包括图片、声音、音乐、影视等各种载体）的资料进行数字化，提供网上共享。例如以美国国会图书馆的"美利坚记忆"为代表的一些国家、地方图书馆等。

## （二）服务主导型模式

这种服务模式的资源一般由以下三部分组成。

①图书馆本身的数字化特种馆藏。

②商用的网上联机电子出版物或数据库（包括在本馆的资源镜像库）。

③在因特网上有用的文献信息资源。它们用统一的界面向读者提供服务。如目前国外有些大学的数字图书馆模式，又如美国加利福尼亚州数字图书馆等。

## （三）商用文献型模式

一些文献服务公司、出版社、代理商等建立一种商用文献型的数字图书馆，提供全文的期刊、杂志、电子图书（也包括音乐和影视资料）等，一般既有索引数据库，又有全文的对象数据库。例如中国的超星数字图书馆提供电子图书，荷兰的爱思唯尔公司提供 1200 多种全文杂志，美国科罗拉多州的图书馆网也提供几万种电子图书供读者使用。

# 第六章　媒体环境下高校图书馆的发展

本章讨论了媒体环境下高校图书馆的发展，内容分为三部分：高校图书馆管理方式改革、高校图书馆信息化建设改革、高校图书馆面临的新挑战。以上内容对高校图书馆的发展前景做出介绍。

## 第一节　高校图书馆管理方式改革

### 一、必要性

第二次高校合并出现的新形势，为高校图书馆管理带来了现实挑战：合校之后，不同高校在学科设置、专业设置、人才培养模式、具体管理体制、人力资源管理等诸多方面都存在一定差异性。高校图书馆作为高校重要组成部门，担负着以高质量、高水平的姿态服务全校教学科研的重担。面临合校后的新形势，高校图书馆必须调整管理结构、创新管理途径，照合校后的新要求不断创新形成适合高校发展的新型管理模式，更好地发挥自身作用。从这个层面讲，高校图书馆管理创新是从高等院校合校的新要求出发的，是为了更好地适应高校合并新形势的现实需要。

#### （一）现实需要

高校图书馆管理创新是为了更好地适应高校强校战略的现实需要。如果说高校实施扩招政策是为了将高校做大的话，那么实施强校战略的出发点和最终落脚点在于把高校做强。高校实施合校调整和扩招政策，其直接的影响就是高校在办学规模上迅速膨胀。而面临经济全球化新形势和实现社会主义现代化的新形势，必然要求把高校做强，注重办学质量提升和人才质量提升。

当前，我国高等教育发展已经迈入了蓬勃发展、更加注重质量的新时期。

很多高校在扩招、合校之后，逐步探索更加适合自身发展的办学体制和办学机制，不断提升办学水平和办学效益，因为高校图书馆是该高等院校总体水平的重要标志，是教学科研工作的重要组成部分，要与学校的建设发展进程相适应。高校图书馆在面临高校强校战略的现实背景下，必须加快创新管理进程，以更好地适应高校实施的强校战略，为高校教学科研工作提供更高质量、更高水平的服务。从这个层面讲，高校图书馆管理创新是从高等院校实施强校政策的新要求出发，为了更好地推动高校实现强校战略而提供更高服务质量、更高服务水平的现实需要。

高校是重要的人才培养基地，在知识经济为主流的现代社会，其所起的作用越发显著，所处的地位也越来越重要；而高校图书馆作为高校重要的组成部分，承担着服务高校教学活动和科研活动的重担。从很大程度上讲，高校在经济社会中发挥职能的大小与图书馆密切相关。面对经济全球化大背景，在知识经济时代高校图书馆如何适应这一整体经济形势需要、如何通过实现信息技术服务的数字化和多元化、如何全面推动所服务的高校培养更高质量的人才，是必须要面临的一个重大课题。从这个角度讲，高校图书馆必须加快管理创新，更好地适应新的时代要求，并应对新的知识信息时代对高校图书馆提出的新要求和带来的新挑战，否则高校图书馆必将落后于知识经济时代发展步伐，被知识经济所淘汰。

### （二）经济环境需要

高校图书馆管理创新适应外部经济环境需要，是由高校图书馆经费投入相对不足的现状决定的。尽管近年来高校向图书馆建设方面的经费呈现每年稳定递增的趋势，但是从全国高校整体水平来看，高校图书馆经费投入依然显得力不从心。按照国家教育部颁布的《普通高校图书馆规程》规定，高校应当拿出教育事业经费的 5% 用于高校图书馆文献资源购置；国内很多高校在图书馆文献资源经费投入方面很难确保达到这一比例。我国加入世界贸易组织之后，高校图书馆经费投入相对不足的情况，更加加剧了高校图书馆经费紧张的态势。因为入世之后，按照国际通行的知识版权规定，我国在购置国外文献资源时，一些核心期刊、必备期刊等一些质量较高的信息资源，价格较入世前增长了 10 ~ 15 倍。在经费投入不足的状况下，一些高校图书馆迫于经费压力不得不推迟或取消国外部分期刊的购置计划。

随着知识经济时代的到来，高校图书馆在经济社会发展、人才培养方面所发挥的作用愈加重要，因此高校图书馆在社会中的地位也逐渐提高。然而，经济的发展和知识需求的增长也为高校图书馆带来新挑战、提出新要求。在我国经济飞速、稳定发展的同时，受图书市场价值增长和经费短缺等因素的影响，高校图书馆在发展过程中也面临重重困难。因此，高校图书馆必须从更好地适应知识经济时代发展角度，不断克服诸多不利因素，尤其要加大管理创新，更好地推动自身又好又快地发展。

### （三）科技环境需要

高校图书馆管理创新是为了更好地适应外部科学技术环境的现实需要。伴随着科学技术的飞速发展，高校图书馆在管理过程中大量运用了现代计算机信息技术、存储处理技术和信息通信技术，大量先进科学技术手段在管理方式上的使用，让高校图书馆在发展道路上产生质的飞跃。网络化、移动端、数字化等高科技手段的飞速发展，很大程度上改变了高校图书馆文献资源分类、存储、传递和利用信息的方式。科学技术的突飞猛进，实现了高校图书馆在网络信息技术条件下呈现出新特征：首先是高校图书馆馆藏的多元化，既注重实体馆藏，又注重虚拟馆藏，按过去传统的片面注重实体资源到现在的实体资源和网络虚拟资源的并重。其次是高校图书馆在业务管理中全面开展自动化，高校图书馆无论在探访、采购、审阅、登记、储藏，还是在分类、咨询、查阅等各个流程和环节，无不体现着高度自动化的趋势。最后是高校图书馆管理的技术环境标准化和规范化程度日益提高，也体现在文献资源的收藏方面，在现代化技术支持下，高校图书馆全面实现了文献资源的高效利用。

## 二、创新性

### （一）时代要求

借助网络技术、计算机信息技术，可实现多个不同高校图书馆文献资源信息共享，大大节约了成本，提高了利用效率。科学技术的飞速发展为高校图书馆实现跨越式发展奠定了坚实的基础，科学技术中的数字网络化技术、信息通信技术引起了高校图书馆在文献资源储藏、工作流程和服务方式等方面的革命性变化。然而科学技术日新月异，高校图书馆必须要适应科学技术迅速发展的步伐，不断推陈出新，实现自身管理的全面创新，更好地运用科学技术更深入、更全面地为实现自身发展服务。

在文化市场发展、繁荣的同时，文化图书市场也存在诸多不良现象，例如图书市场竞争无序状态、图书文化市场执法监督缺位、市场混乱等现象也层出不穷；与此同时，文化出版市场的出版物质量也呈现出下滑趋势，各种假冒伪劣产品、盗版产品屡禁不止。

高校图书馆面临的文化环境发生了很大变化。高校图书馆在发展过程中既要看到在国家文化发展、大繁荣政策刺激下文化市场出现的良好一面，积极利用优势，不断为"我"所用，努力丰富馆藏资源、优化服务质量、提升管理效益，实现在馆藏语种、品种、类别、数量的多元化。同时，还要明辨文化市场上的鱼目混珠的现象，避免文化市场的不良因素侵入高校图书馆，尤其是防止引入一些侵权产品、假冒伪劣产品等，切实保护好读者的合法权益，维护读者尊严和现实利益。在这样的文化环境下，高校图书馆必须要加快管理创新，更好地适应文化环境，变文化环境的优势因素为自身发展的重要推力。

## （二）读者需求

高校图书馆管理创新是为了更好地满足读者需求。高校图书馆作为高校的文献信息资源中心，直接的服务对象就是广大读者，目的在于更好地为全校教职员工和所有学生提供便捷、高效、全面的文献资源服务，更高效、准确地为高校的教学科研活动提供前沿、精准、全面的信息资源服务。随着信息技术的飞速发展以及现代化网络技术的广泛应用，广大读者对图书馆文献资源服务提出了新要求，高校图书馆传统的被动的管理模式已经不能满足新时期读者对信息的需求变化，读者对图书馆提出了更深层次的要求，所以高校图书馆管理创新能更好地满足读者需求。

高校图书馆读者结构发生深刻变化。高校图书馆所服务的读者群体主要为教师群体、学生群体和高校管理群体。伴随着我国高等教育改革的不断深入，我国高校办学规模、办学层次、办学类型等呈现了多样化的态势。尤其是 20 世纪末、21 世纪初伴随着高校扩招政策和高校合校步伐的加快，一些高校办学层次逐步提高，有的高校同时具备了博士生教育、硕士生教育、本科生教育、专科生教育和成人教育等多种办学资格和办学条件，读者结构呈现出显著的多元化态势。作为高校图书馆来讲，面对学生读者群体发生的这些结构性变化，要做出全面衡量，针对不同学生结构，必须提供更加具有针对性的服务。合校后，高校办学规模扩大，各个层次的学生读者群体都出现了上升的态势，远程教育、联办生教育等学生数量也逐年增加。高校图书馆面对合校后学生读者群体数量上发生的变化，要加快管理创新，既要满足学生群体对文献资料数量上的需要，又要满足其质量上的需求。作为教师读者群体来讲，按照职称结构又划分为教授、副教授、讲师和助教，同职称层次的教师对高校图书馆所需求的服务与类别肯定是不一样的，如何更好地满足不同职称层级的教师群体需求，是高校图书馆管理过程中必须要高度重视的一个问题。

高校图书馆实行管理创新主要是为了适应外部环境的变化，是更好地与经济社会发展步伐相一致、与高等教育改革过程相衔接。同时，高校图书馆改革同时也是为了推动自身更好地发展，不断实现自身管理形态、经营理念和工作内容、工作方法、管理手段的改造升级，更好地迎合以计算机技术、现代网络通信技术为核心的新时代发展的需要。

## 三、时代性

高校图书馆是一个学校的文献信息中心，与信息技术联系最为密切，对信息技术的变化的反应速度也最快。在当前时代快速发展，数字化、信息化、网络化进程不断加速的背景下，高校图书馆的规则、职能、要素都要因时而变。如果高校图书馆依然因循守旧，不能从自身找出信息化时代条件下与之相背离的环节，依然我行我素、因循守旧，而不是采取积极主动的态度去探索和创新，高校图书馆在高校中的作用和职能也就无从谈起，也必将成为影响高校发展的重要障碍因素。同高校图书馆实施管理创新、更好实现自身内部要素整合，是由以下几方面因素决定的。

①文献资源管理模式。高校图书馆传统文献管理模式很长时间以来，受高校图书馆管理特有体制性因素制约和影响，在管理思想中一直延续着相对分散的文献管理模式；尤其是现在一些体制内高校的图书馆的思想意识仍十分陈旧，没有跟上时代发展的步伐。高校图书馆现有的文献资源管理模式在一定时期、一定条件下对高校科学研究以及教学活动起到积极推动作用，但是伴随着信息技术时代的到来，高校图书馆文献资源管理模式已经不能很好地适应高校发展需求、不能适应广大读者的信息需求；尤其是在信息网络化推动下，虚拟图书馆、数字图书馆方兴未艾，在文献资源管理模式上再不实施创新，那么高校图书馆的生存问题也将成为一个巨大的考量，其渐渐就会失去存在的必要性。高校图书馆要改变管理模式、创新文献资源管理模式，必须要紧跟经济社会发展的新形势，按照信息时代的具体要求不断变革，逐步摒弃传统条件下"重藏轻用"的管理思维，从推动高校图书馆信息资源共建共享的高度，努力实现文献信息资源的基础性建设，强化信息整合力度，转变服务观念，实现高校文献资源管

理的社会化和信息化。

②馆藏资源。馆藏资源是高校图书馆最核心、最重要的一环，馆藏资源为高校图书馆的生产发展提供了支持、奠定了基础。馆藏资源建设在任何时期、任何时间都被视为高校图书馆发展工作的重中之重。信息技术条件下为高校图书馆发展提供了难得的历史机遇和空前的发展空间，在向高校图书馆提供种类繁多和数量巨大的信息资源的同时，也实现了高校图书馆信息来源多元化的格局。在现代化信息技术的影响下，即使同一内容的文献资源，由于所采取的出版形式和所利用的技术手段不同，在呈现方式上体现多样化的趋势。

面对信息时代条件下高校图书馆馆藏资源发生的深刻变化，高校图书馆必须要敢于创新，必须要积极主动创新，不能故步自封，不能依然享受"体制内"的"温床"。高校图书馆基于自身在高校发展中的重要职能和特殊地位，需要实施全面化和多元化的馆藏资源收集和储藏方式，不断根据时代和读者要求更新文献资源，更加需要自身不断整合先进的工作手段，尤其要更好地提高工作效率，更好地发挥自身职能担当。

③人力资源管理。知识经济时代条件下，人才资源是第一资源，任何行业、任何领域的发展都离不开人才。同样，知识经济为高校图书馆发展带来难得历史机遇的同时，也为其深入发展带来了巨大挑战；其中挑战的最主要、最直接的来源之一就是人才。当前各个高校图书馆均不同程度地存在专业技术人才缺乏、现代化高水平的网络信息技术人才难以引进、图书馆馆员整体素质有待于进一步提高的现象。纵观当前高校图书馆管理层，真正科班出身的具有工商管理硕士或公共管理硕士学位的专门管理人才凤毛麟角；除此之外，一些高校图书馆整个人力资源队伍中仍然存在与图书馆管理专业丝毫不相关的工作人员，不少图书馆工作人员或者管理人员缺乏专业的职业素养，也对图书馆管理知识知之甚少。造成这种局面的原因既有历史原因，也有现实原因，在这里简单做一下分析。原因一：一些高校合并后遗留下的人员冗余问题，为了解决一些冗余人员的岗位，其从事不了高校教学科学及相关管理工作，不得不安排其进图书馆工作。原因二：一些高校为了引进具有高学历层次的人员，为了解决其配偶工作问题，安置其配偶进图书馆。伴随着知识经济的深入发展，对高校图书馆馆员的知识素养、专业能力、工作组织结构提出了更高的要求。与此同时，图书馆工作人员自身也发生了变化，希望能实现物质与精神方面的提高与进步。因此，高校图书馆要不断创新，实行贴合时代特征、读者需求、馆员要求的管理制度。

## 四、管理创新

### （一）发展过程

高校图书馆要想更加充分、更加彻底地发挥自身功能和作用，就要在管理过程中实施全面创新：管理创新是高校图书馆适应新形势、实现自身长远发展的必然举措。在分析高校图书馆管理创新的实质之前，先介绍一下创新对经济社会发展和民族进步所发挥重要性的典型国外案例和研究成果。在 20 世纪 80 年代，日本经济迅速崛起，西方发达资本主义国家经济相对低迷和发展缓慢，与之形成强烈的对比和反差。一些西方学者在实地考察了日本经济社会发展模式之后，将日本的迅速崛起归功于技术立国和科技创新，尤其是日本政府实施的国家创新战略和企业较强的技术研发与创新能力，这正是日本经济发展如此之快的关键和核心。在此基础上，一些西方学者提出了以技术创新为主要内涵的"国家创新体系概念"。自此之后，国外学者对创新体系的研究就始终未曾间断过。1992 年，丹麦著名学者伦德华尔在其代表性著作《国家创新系统：建构创新和交互学习的理论》中全面阐述了创新对一个国家和一个民族的重要性，呼吁全球各个国家要重视创新，发挥创新在经济社会发展中的重要作用。

1993 年美国学者尼尔森主编了《国家地区创新体系：比较分析》一书，世界经济合作与发展组织（OECD）继 1996 年发表的《以知识为基础的经济》报告后又于 1997 年发表了《国家创新体系报告》，提出要在制度、流程、组织、文化等方面进行创新。

综上所述，创新对一个国家、一个民族的发展具有无穷的动力，小到一个企业、一个微型组织也必须要创新；世界范围内对创新的研究已经到了非常成熟的阶段，在理论研究、实践经验和成果转化方面对当前我们开展的各项创新提供了必要的指导。

对于高校图书馆而言，纵观国内外图书馆发展历史不难发现，每一次图书馆的发展进步都与创新相关。新中国成立后我国图书馆事业发展迅速的原因，就在于我们否定了过去封建藏书楼式的管理思想制度及其背后的理念与原则。但同时我们也应看到新中国成立后确立的一整套管理思想与原则，虽然曾经在计划经济条件下塑造了图书馆结构、管理形象与业绩，但在市场经济条件下，它已逐步丧失活力，并且成了今天我们所说的图书馆管理创新的新的对象。基于以上认识，笔者认为高校图书馆管理创新的实质在于，全面运用国内外先进的创新理论思想和创新实践经验，在继承和发扬高校图书馆传统优良经验的基础上，审视和客观思考当前高校图书馆在管理过程中存在的弊端和不利因素，积极运用现代化手段和现代化技术实现我国高校图书馆管理形成新环境、新思想、新制度、新方法。

### （二）发展原因

①高校图书馆管理创新是更好地适应网络化管理新趋势条件下的创新。伴随着 20 世纪互联网技术逐步传入我国，在短短时间内以异常迅猛的速度强势崛起，电脑技术日益普及，应用行业日益广泛，为实现我国顺利跨入信息技术时代奠定了坚实的基础。以网络化发展为背景，传统条件下的大规模生产和管理方式不可避免地要被迅速高效的网络化信息技术和服务模式所取代，逐步实现知识传递、管理模式和手段的信息化、现代化，建立高效、灵活的社会信息网络格局势在必行。高校图书馆作为文献资料的巨大宝库，其信息技术资源管理不可避免地要与网络化接轨，成为整个互联网环节上一个重要节点；尤其是在当前我国已经形成网络信息高速公路的条件下，高校图书馆管理已经难以逃避网络化的大趋势，必须要积极主动地实现管理创新，将自身管理与运行纳入网络化环境中去，否则，高校图书馆难以摆脱被淘汰的命运。

②高校图书馆管理创新是为了更好地适应社会的发展，在管理创新过程中体现出的坚持不懈的精神也正是经久不息的民族精神的写照。知识经济较以往任何一种经济形态都表现出它自身的特殊性，是建立在知识基础上，通过对知识进行存储与学习、使用与创新来赢得现实生产力，从而推动经济社会发展的，知识经济已经成为当前我国经济社会发展的引擎。高校作为知识与智力宝库、作为人才培养的重要摇篮，与知识经济发展更是密不可分。高校图书馆在服务高校教学科研的同时，也在服务人才培养工作，在间接推动知识经济的发展。从这个层面上讲，高校图书馆在知识经济时代所处的地位和发挥的作用尤为明显。一方面，知识经济发展条件下，时代产生的新要求会对高校图书馆的形象、价值观、知识体系产生影响。另一方面，高校图书馆通过自身管理创新又反过来推动了知识经济的进步与发展，其管理的每个环节、每个步骤，其创新的主要目的、实质特征都是紧紧围绕着直接或间接地为知识经济发展服务。因此，高校图书馆作为知识体系创新中重要贡献力量之一，为高校和经济发展体系联合搭建了桥梁，在为高校的创新实践提供丰富、前沿的信息基础上，其管理创新体系的实行将更好地适应知识经济社会发展。

③高校图书馆管理创新是实现自身对各种资源进行设计、发展、整合和高效利用。高校图书馆创新无论是适应信息技术时代发展需求，还是适应数字网络化，在当前的时代背景下，高校图书馆实行管理创新意味着高校图书馆面对复杂多变的环境和日新月异的知识经济竞争，需要进行积极的探索，不断开创在制度管理、方法手段、信息安全管理、系统优化管理、人力资源管理、用户需求管理等方面对自身所控制的各种资源进行设计、发展、整合和利用。

## （三）发展特征

### 1. 多层次性

高校图书馆管理创新对资源进行有效调整和整合过程中突出了多层次性特征。多层次性体现在空间、工作、资源层面。在资源层面的管理创新主要针对图书馆在经费、文献、人力资源以及知识成本等相关资源方面进行优化组合，体现出高校图书馆在财务管理、物质资本管理以及人力资源管理方面的高效利用。在工作层面的创新，主要突出在图书馆管理政策决策、具体制度执行以及实际操作等层面上。对于高校图书馆来讲，既然要实现管理创新，不可避免地要出台一系列政策与措施，需要管理决策；在管理决策出台之后，还必须要有具体的执行机制作为保障，进行层层分解，将决策予以操作落实。因此，在工作层面上，又体现了高校图书馆管理决策、执行与操作的层次性，不同方面的层次具有严谨的逻辑关系，彼此依赖，不可或缺。在空间层面，无论是国内重点还是普通高校的图书馆，不论是部属省属高校，还是地方院校，都在新的历史条件下着手进行管理创新，以使其更好地适应知识时代的发展。高校图书馆在管理创新上体现出的多层面特征，是高校图书馆从不同层面、不同维度所进行的创新实践。

### 2. 全方位性和全员性

高校图书馆管理创新对资源进行有效调整和整合过程中突出了全方位性和全员性特征。高校图书馆管理创新的全方位性立足多层次性，主要涉及高校图书馆在思想管理、体制管理、战略管理、机制管理、组织架构、管理方法、管理流程以及管理文化等多个方位。在高校图书馆管理创新中确定具体的方位之后，就不可避免地要涉及管理的每个岗位，也就是管理创新中的全员参与。全员参与，既需要高校图书馆工作人员的齐心协力，还需要广大用户的积极参与，凸显出管理创新全员参与、创新成果全员共享的重要特征。

### 3. 持续性和连贯性

高校图书馆管理创新对资源进行有效调整和整合过程中突出了持续性和连贯性特征。高校图书馆管理创新，最终的支撑保障在于创新的技术手段和制度保障。高校图书馆管理创新的这一特殊性对其创新行为影响极为深远，在实践过程中必须要予以高度重视。其创新实践中，所兼具的技术创新、制度创新两大行为的特征，体现了连贯性和持续性。从发展进程上看，图书馆管理创新不可能一蹴而就，无论是建立何种制度保障机制、采用何种先进技术手段支撑都必须在一个较长的过程中得以实现；由于图书馆管理活动是一个根据当前时代、学科、读者要求不断完善和创新的过程，所以要找到管理和创新的最佳组合点。高校图书馆管理创新的持续性和连贯性主要表现在管理机制、管理制度、管理机构、人员结构、服务内容服务方式的动态性等方面。

### 4. 不可重复性

高校图书馆管理创新对资源进行有效调整和整合过程中突出了不可重复性的特征。高校图书馆管理创新具有自己的特殊性和自身发展的规律，不像一些科学技术，是通过一些重复性的实验可以反复进行的。高校图书馆创新沿着一定的轨迹，是一个逐步深入推进的渐进过程，这个过程也体现出单向性。在这一过程中如果创新工作没有把握好，那么对于高校图书馆来讲，其管理很有可能就称不上是创新，其前期所做的管理创新工作效果也难以保障，要么效果不明显，要么宣布失败。只有管理创新过程把握科学，符合高等教育发展规律，符合高校图书馆发展规律，方法制度运用得当，各项创新机制保障得力，其创新才谈得上成功。

## （四）现状

高校图书馆作为高校重要的信息资源中心，承担着为高校广大师生员工提供优质、高效信息资源的重要重担。为了确保自身职能的充分发挥、有效便捷高效地为广大读者提供信息资源服务，高校图书馆必须提高系统管理效能，运用信息技术手段和现代化的管理理念，让读者享受更便捷、先进的服务。

从世界范围来看，高校图书馆系统的建设开始于 20 世纪 60 年代的美国。以高校图书馆日常管理业务中运用自动化管理系统为标志，开启了高校图书馆系统管理提升发展的序幕。自 20 世纪 90 年代中期以来，以互联网技术的广泛传播和应用为标志，开展了高校图书馆 OPAC，即"联机公共目录检索系统帮助"的完全网络化服务，突破了场地的束缚，远程检索、文献业务办理、资源预约服务等不用在图书馆现场就可以实现。借助于互联网技术，高校图书馆全面实现了远程化为广大读者提供文献信息服务的目标，极大提升了高校图书馆的工作效率和服务质量，有效满足了不同用户在不同时间、不同地点对图书馆文献资源的需求。从当前来看，国内绝大部分高校图书馆已经建立自己的管理系统，有效地促进了高校图书馆各个子系统、各个业务环节的全面自动化，使传统意义上的图书馆自动化更加全面、更加深刻，已经不再局限于图书资料的日常加工领域和流通领域。

①高校图书馆管理系统创新是信息技术时代对其提出的新要求。信息时代条件下，高校图书馆管理实现现代化、信息化是必然趋势。对于高校图书馆而言，其管理水平高低主要是通过图书及文献资料等资源利用效率和图书馆自身管理效率来体现的。高校图书馆作为高校重要的信息储备仓库，信息时代条件下在服务高校教学科学和高校长远发展中的地位和作用愈加明显，而自身在信息技术条件推动下文献资源储备数量和规模史无前例。伴随着高校图书馆规模的迅速扩大和馆藏资源的日益丰富，有效实现其管理、发挥其功用、提高其价值就显得尤为重要。对规模如此之大、资源如此之多的高校图书馆进行有效管理，其难度可想而知。

②高校图书馆管理系统创新是高校图书馆更好发挥其职能的内在要求。经过数年的发展，我国高校图书馆建设已经形成了一套比较完整系统化的管理体系，在文献储存规模、馆藏质量方面也走在了世界的前列；尤其是国内一些具有条件的高校图书馆，根据高校专业设置和高校教学科研实际需求，形成了较具特色的、完整的馆藏体系和管理体系，不仅在国内，而且在国际上都具有一定的影响力。

③高校图书馆管理系统能够有效减轻传统条件下的管理模式所带来的弊端。传统条件下，高校图书馆管理系统往往是采用手工管理或半自动化管理的方式进行的；这种传统管理模式，不仅带来了大量的数据处理工作，而且管理效率低下，容易出现管理漏洞，在向读者提供服务方面也呈现出一定的滞后性。高校图书馆现有的内外部环境已经发生深刻变化，要实现管理系统创新，不断完善其系统组织结构、功能结构、技术要素，逐步消除高校图书馆陈旧管理模式所带来的种种弊端。面对高校图书馆所面临的内外部环境发生的深刻变化以及读者全体呈现的新要求，要不断加快高校图书馆系统创新。

伴随着我国高等教育事业的深入发展以及信息时代发展的千变万化，高校在生产发展过程中没有图书馆的支持将会寸步难行；而高校图书馆面对高等教育发展新形势以及自身内部外部环境发生的深刻变化，要想更好地发挥职能、紧跟高校发展步伐，就必须要全面加快推进改革创新步伐。

## 五、管理系统功能

### （一）传统功能

我国高校图书馆系统管理受我国高校管理体制影响非常大。尽管自改革开放以来我国加快了高等教育改革力度，高校图书馆建设发展有了巨大进步，高校图书馆馆舍建设、藏书资源数量与质量、管理技术与手段的现代化等硬件、软件方面有了巨大提升与改善，但是从总体上看，高校图书馆内涵建设相对较为滞后，尤其是管理系统创新力度不足，影响到高校图书馆职能的发挥、影响到管理系统现代化建设进程。

传统条件下高校图书馆管理系统的主要功能如下。

①传统条件下高校图书馆管理系统功能以"以书管理"为核心。在以往信息技术不是非常发达的条件下，高校图书馆在管理经营上突出建筑资源、文献资源和人才资源，在系统管理上尤其突出以书为本。高校图书馆无论是在扩大馆藏面积、提升馆藏数量上，还是在扩充读者阅读座次、发展现代化的计算机网络技术上，都以"书"的管理为核心。

②传统条件下高校图书馆管理系统功能发挥中对馆员的重要性认识程度不够深。由于传统条件下高校图书馆管理系统坚持以书为本的管理思想，对馆员在管理系统管理过程中发挥的重要作用认识不足，例如，系统管理中往往忽略提升馆员素质、业务能力和促进图书馆人性化管理。由此一来，高校图书馆系统管理过程中往往出现了人才难尽其用、系统管理创新滞后的尴尬境地，馆员服务的能动性未能被充分地调动，甚至因各种原因被抑制。

③传统条件下高校图书馆系统管理功能中现场管理功能缺失。高校图书馆现场管理是确保整个系统管理的重要前提和基础，传统条件下高校图书馆系统管理功能中存在着明显的现场管理缺失问题。现场管理功能缺失导致了传统条件下高校图书馆系统管理效率低、问题频现。比如，新旧图书仓管员交接不清，没有真正的交接手续。纵观传统条件下高校图书馆功能以及影响其功能发挥的现场管理问题，在现代化信息技术条件推动下，在广大读者需求不断增加的条件下，推动高校图书馆系统管理全面信息化是必然之路。高校图书馆信息系统创新是我国高等教育改革发展的必然要求，是更好地适应信息时代对高校图书

馆现代化建设的需要，是更好地发挥职能、满足高校教学科研活动的必然需要。

### （二）创新功能

当前的历史条件下，高校图书馆存在的内外部环境已经发生了深刻的变化：信息科学技术迅猛发展，计算机科学技术应用全面推广，广大读者文献资源信息需求与日俱增。为了确保高校图书馆自身职能的充分发挥、有效便捷高效地为广大读者提供信息资源服务，高校图书馆必须提高系统管理效能，运用信息技术手段和现代化的管理理念帮助广大读者充分利用馆藏资源和文献信息，不断完善信息技术条件下高校图书馆的主要功能。

从当前来看，我国国内绝大部分高校图书馆已经实现了管理系统的创新，有效地促进了高校图书馆各个子系统、各个业务环节的全面自动化，使传统意义上的图书馆自动化更加全面、更加深刻，已经不再局限于图书资料的日常加工领域和流通领域。时代条件、互联网技术和计算机技术的飞速发展为实现我国高校图书馆系统管理的全面创新奠定了坚实的物质和条件基础。目前来看，我国高校图书馆系统管理功能已经发生了巨大变化，正处于蓬勃发展的时期。在高校图书馆管理系统中充分运用计算机技术，将能够有效提高系统管理效率，将图书馆馆员从繁重的工作中解脱出来，不仅提高了向读者提供服务的效率，而且实现了管理的精确化、无误化。高校图书馆管理系统创新在很大程度上讲，就是实现高校图书馆管理的自动化。

## 第二节　高校图书馆信息化建设变革

### 一、背景

在现代化信息技术推动下，高校图书馆在多个方面进行了深刻的变革。虽然信息技术在很大程度上推动了高校图书馆的发展进程，但是也造成了一些安全隐患，尤其是在建立数字图书馆过程中，信息安全问题不容小觑。近几年，国家层面对图书馆信息安全管理方面出台过一系列的制度和措施，从而确保图书馆在信息技术条件下的信息安全管理。从国家层面出台的这些制度，从总体上为高校图书馆实施信息安全管理提供了方向性指导和制度性保障，尤其是这些规章制度比较全面地规定了图书馆在信息安全物理性方面的要求、专业技术人员要求、用户访问控制、信息应急处理与响应和职责设定等内容。出台的这些规章制度在很大程度上为高校图书馆的信息安全管理提供了保障，很大程度上改善了图书馆信息安全运行的宏观环境，有效地预防了图书馆信息安全事故的发生。尽管如此，对高校图书馆的信息安全管理仍不能放松警惕。当前高校图书馆在信息安全管理过程中，从整体上都能够予以高度重视，根据高校要求和自身发展需求制定了比较完善的制度保障措施和应急处置机制，信息安全管理工作已经上升到高校图书馆管理的重要议事日程。然而，近几年我国高校图书馆遭受信息安全风险的事例依旧屡见不鲜，出现的这些活生生的案例也为高校图书馆进一步加强信息安全管理工作敲响了警钟。

例如，2006 年 8 月，高校图书馆信息管理系统遭到 ARP 病毒攻击，此次攻击事故使该校图书馆多个业务系统遭受致命瘫痪，流通环节、期刊浏览、采编业务无法正常运转，用户无法办理借阅业务，信息服务器遭受影响，该校图书馆所有数字资源基本处于停顿状态。2008 年 12 月，国内又一高校图书馆遭受信息安全风险，该馆网站主页遭受黑客恶意攻击，网站主页程序和后台数据遭受恶意篡改。2009 年 4 月，国内某高校由于停电原因导致该校图书馆 UPS 在电量耗尽后多台服务器系统宕机，处理之后仍无法恢复正常工作，对该馆业务办理和信息安全系统的稳定运行带来巨大负面影响。

在信息技术条件下，国内高校图书馆在信息安全管理过程中，都能够高度认识到信息安全管理的重要性，能够从自身信息安全现状加强规章制度建设和各项应急处理机制建设。但是近几年一些高校图书馆信息安全管理出现的意外事例也给各个高校图书馆敲响了警钟：信息安全管理工作必须高度重视、时刻警惕，其深刻的教训应当引起我们的反思，在日常信息安全管理中必须常抓不懈。

## 二、重要性

在创新信息时代背景下，高校图书馆是高校海量文献资源的中心和聚集地，囊括了管理创新研究丰富而宝贵的信息资源。高校图书馆在信息技术条件下，完全承担了知识与信息的获取、加工、传输、储存、使用的重要功能，使信息和知识作为重要资源和宝贵财富的这一本质特征诠释得淋漓尽致。高校图书馆无论是实现自身发展，还是对信息资源进行有效整合，都离不开强大的信息技术条件，其作用和职能的发挥与信息技术条件不可分割。高校图书馆无论在藏书结构调整、系统自身高效规范运转、文献载体优化升级、用户系统服务等各个环节都体现着现代化信息技术的身影；传统模式下的高校图书馆相对封闭单一的借阅模式已经被信息技术条件下借阅合一的方式所取代。信息技术条件已经引起了高校图书馆管理方方面面的改变，在管理模式上愈加向注重依托互联网技术实现馆际的资源共享，"虚拟馆藏"不可避免地成为今后高校图书馆发展的重要趋势之一，各高校图书馆之间的信息交互将更加方便和频繁，文献资源之间的无障碍共享模式正在逐渐成为现实。这些是完全以信息技术条件作为重要支撑的，如果失去了信息技术的支持，高校图书馆在信息技术时代背景下的发展，将成为无源之水、无本之木。

## 三、系统设计

高校图书馆管理系统中的界面设计涵盖多方面内容，依据业务层次和管理需要不同，不同高校图书馆可以从满足自身管理需要实际出发，因地制宜地开发设计具有针对性的界面。下面以登录界面设计、新书入库模块界面设计、图书借阅模块界面设计和读者管理模块界面设计为例，进行介绍。

### （一）登录界面设计

图书馆登录界面的管理系统设计应当本着简单、易操作的原则，完全实现用户相关信息键盘的完全操作，避免传统条件下键盘与鼠标之间的切换。登录界面设计中重点突出两种用户登录方式：一是密码登录，二是短信验证码登录。

### （二）入库模块界面设计

对新书入库模块界面设计，主要目标是实现对已经采购图书进行入库的管理，有效节约人力，节约时间，最大限度减少图书入库时间。伴随着近年来高校教学科研活动的日益活跃，高校广大读者对图书馆的文献资源信息需求量呈现出与日俱增的趋势。高校图书馆需要根据高校读者不断增加的需求实际经常购买新书。高校图书馆购书已经表现出以下特点，即在时间上呈现出日益频繁、在规模上呈现日益扩大的趋势。加快图书入库系统的管理创新、提高图书入库的效率已经迫在眉睫。在该界面的设计过程中，可以采用批量设计的思路，将具有同一信息的多本图书一次录入，图书馆管理员只要输入书籍编号、书名以及出版社等相关信息，就可简便、快捷地实现新购入图书的入库操作。

### （三）借阅模块界面设计

当图书用户需要向图书馆申请图书服务需要的时候，首先要在用户登录界面登录时才能实现相关借阅功能，完成图书借阅操作。进入图书馆图书借阅模块，用户可以根据自己需求图书的相关关键信息进行查阅，例如，可以输入图书的书号、图书编号、作者等相关信息，输入关键信息后，系统完成快速匹配，将用户输入相关信息的图书信息及时呈现。在这里需要说明：用户通过图书借阅版块办理图书申请业务，输入关键查询条件，其实现的重要前提是高校图书馆必须有与之相关馆藏的时候才能完成借阅。系统将用户需要的图书信息呈现之后，用户只需要单击"确认"按钮就可以完成相关操作。图书馆系统将把相关操作情况、图书馆库存变化、用户借阅记录等详细信息一一给予呈现。

### （四）读者管理模块界面

在这个模块中，高校图书馆可以根据自身业务需要实现在对读者进行管理的基础上，附加上对出版社和图书运营商的信息管理功能。高校图书馆图书管理员，进入读者管理模块之后，对读者信息管理的功能主要有添加读者信息、删除读者信息、修改读者信息三个方面。同样，对出版社和图书运营商的管理功能也主要包含以上三个方面。在高校图书馆如果想同时实现对读者、出版社和图书运营商三个层面的管理功能，其系统设计的实现方法与仅仅对读者单一管理模块的设计方法和实现功能基本一致，用户可以通过其中一种功能界面上的功能键，跳转到另外两个功能界面，并将每一种功能界面划分为三个部分，分别为读者、出版社和图书运营商三类。

## 四、管理应用功能

高校图书馆读者管理模块的主要功能包含读者数据录入和读者信息管理维护两方面。在读者管理模块方面，对读者相关数据录入又包括批量录入和单个录入两种情况。用户数据批量录入，是将学校教师管理部门和学生管理部门提供的教师、学生等读者信息转入读者数据库，同时设计自动查询功能。单个录入，是将读者基本情况等逐一逐条录入，包括读者姓名、性别、专业、年级、联系方式、身份证号码、地址等。

读者信息管理维护同读者信息录入一样需要后续持续的数据维护，保证读者信息数据的及时更新，保障图书馆管理业务系统的正常运转。读者信息管理维护功能涉及多方面内容，如可以对读者违反图书借阅规定进行处理，图书管理员对借书证挂失业务进行处理，注销及增加读者，读者数量和图书使用情况登记等。

## （一）业务调配与决策功能

此功能主要涉及对图书馆各个业务层面的业务事项进行统一调配管理，让图书馆管理层和决策层对本馆各项业务能够做到及时了解、随时掌控。例如，对分管副馆长的业务分配情况、具体工作情况能够及时了解；对图书馆统计报表的相关数据进行统计分析，用于对图书馆的业务进行统计和管理；了解业务管理与调配功能运行状态；查看当日图书馆运行状况，包含借阅书目数量、借阅人数量、各个借阅室开放情况等。

## （二）资源建设功能

高校图书馆业务管理系统中的资源建设模块可以开发设计五种子模块，包括中西文采访、双语分类编目、网络购书、电子文献资源购买、连续出版物管理。下面以中西文采访子模块为例进行阐述。

### 1.地位和作用

中西文采访模块在整个图书馆文献资源系统处于基础性、保障性的地位，主要用于双语文献的采集和加工。高校图书馆管理系统的中西文采访模块设计最大限度地体现了数据系统的体系性和准确性，在开发设计过程中实施标准化运作，可以有效增强图书馆业务功能，最大限度地保障整个业务系统的稳定运行。

### 2.主要功能

（1）订购数据查重功能

对订购数据查重能够确保文献信息资源购买的不重复性，有效节约资源和成本。其工作原理主要是通过查看图书馆预采库、编目库、中央库已有 MARC数据，做出与拟定购买计划是否具有重复性的决定。查重功能的主要依据是通过将拟定购买文献资源的题名、题名拼音码、责任者、丛书名等信息，与各个资料库库储存的信息进行 MARC 数据比对，并为做出相应的购买决定提供依据。

（2）著录 MARC 数据功能

在该项功能中，图书馆中西文采访员按照 MARC 格式著录 MARC 数据，并将著录的数据保存到图书馆的预采库中。

（3）电子订单功能

所谓的电子订单，是指由图书馆供应商提供给高校图书馆采访部门的图书订单，该订单是以电子形式出现的，因此被称为电子订单。在电子订单提供的书面清单帮助下，再由图书馆采访员根据购买计划做出是否购买的决定。电子订单的文件格式分为两种：一种是标准的 MARC 数据格式；另一种是非标准的 MARC 数据格式。标准的 MARC 数据格式和非标准的 MARC 数据格式之间的差异性在于：高校图书馆在进行自动化系统处理中不用借助于任何转换接口就可以自行实现相关数据处理；而非标准的 MARC 数据格式需要高校图书馆在进行数据处理过程中借助于某种通用的转换接口，实现不同类型数据库之间的转换，数据转换后，读入相应的数据，能实施批量查重功能和批量订购功能。在采用非标准的 MARC 数据格式进行查重的过程中，其查询条件可以设定为ISBN、题名、责任者等。

（4）套路数据功能

所谓的套路数据是指在利用外部数据源的基础上对外部数据进行套取。套路数据具有添加、删除和修改功能，其功能的实现主要通过题名、题名拼音码、责任者、ISBN 号、丛书名等相关信息来实现；通过套路数据功能，卸下新著录的数据。

（5）新书推荐功能

高校图书馆可以借助调查问卷形式、网络调查形式等，对读者书目推荐情况和文献资源推荐情况分类汇总，采购员再根据数据情况决定购买哪些图书。通过资源建设模块中的新书推荐功能，读者可以通过图书馆开发设计的专门网页专栏向图书馆提供书名、作者、出版社以及 ISBN 号等相关信息，图书馆采购员将读者推荐信息通过网络形式进行分析汇总，向图书馆领导做出反馈。

（6）验收登到功能

图书馆根据读者推荐情况、自身图书信息资源购买计划情况在进行新书购买之后，一旦新书到馆，就可以通过资源建设系统模块的书名、拼音码、责任者、ISBN 号、丛书名、订购号等信息，查询预采数据，对照预采信息进行入馆登记。高校图书馆在资源建设模块中开发的验收登到功能可以最大限度减少新书入馆时由于人为因素造成的意外情况的发生。借助于验收登到功能，图书馆采购员根据日期给图书供应商出具清单。

（7）数据交送功能

当新书到馆之后，采购员根据新书题名、题名拼音码、责任者、ISBN 号、丛书名、订购号、订购批次、登到批次、日期范围等相关信息进行签收核对，并将签收合格的数据交送待编目库。

3.Web OPAC 查询

高校图书馆在 Web OPAC 查询模块中可以设计以下三种子功能模块：馆藏图书查询模块、数字图书资源导航模块和数字期刊导航。以下对 Web OPAC 馆藏图书查询模块中的三个子模块具体功能进行详细阐述。

（1）查询功能模块

馆藏图书查询功能具体包含向读者提供该馆信息资源、图书期刊资源等相关文献资源情况；为读者办理新书预约以及图书续借；将图书馆最新文献资源情况第一时间向读者通报；查询读者借阅情况。读者在有借阅意愿和借阅计划的前提下，可以通过图书馆业务管理系统中的馆藏图书查询模块将相关检索信息予以录入，图书馆业务管理系统根据读者输入的检索信息进行条件查询，将查询结果及时反馈给读者。通过馆藏查询功能，还能够向读者反映图书储藏状态，向读者提供图书所在的位置、是否出借、借出后何时归还等相关信息情况。一旦图书馆能够满足读者的检索要求，在该系统上读者就能够办理图书的预借或撤销预约业务。

在该子模块中，高校图书馆设计过程中还可内嵌与各种数字图书馆衔接的接口，通过该模块，当读者在录入检索条件后还能够实现对数字图书馆的查询。如引入 Z39.50 系统，当读者检索条件未被满足的时候，可以按照 Z39.50 协议对其他图书馆的信息资源进行查询，在全球其他图书馆查询到需要的图书后，可以通过馆际互借系统或者全文传递系统申请借阅这本书。

（2）图书推荐与预约功能

图书推荐功能是指读者将自己认为比较有价值的文献资源向图书馆进行推荐，为图书馆今后采购计划提供重要的决策来源和重要依据；通过图书推荐，能够有效满足不同读者的图书需求，更好地服务全校广大师生读者，提高图书馆的服务质量和服务满意度。当读者在进行图书推荐的时候，可以通过 Web OPAC 查询模块向图书馆提供拟推荐书目的书名、作者、出版社、出版时间等相关信息；在读者完成推荐之后，可以在该平台上查询到自己的推荐书目是否由图书馆采纳。图书预约功能是读者根据自己的借阅意愿或借阅计划向图书馆申请图书预约，也可以将事先已经预约的图书进行撤销。在办理图书预约的时候，当读者对拟预约的图书进行查询，图书馆业务管理系统呈现出查询结果之后，可以在同一个页面上予以办理；在对符合条件的图书选择了预约之后，同时在同一个页面上也可以撤销。无论是图书预约权限还是预约后撤销权限都是由系统后台预先设定的。

139

（3）图书借阅与续借功能

读者可以输入条码号和密码对自己的借阅信息进行查询，Web OPAC 查询模块可以将读者已经借阅图书情况呈现给读者，包括书刊的题名、ISBN 号、借阅时间、归还时间等详细信息。与此同时，读者还可以借助 Web OPAC 查询模块查询自己以往所有的借阅历史、图书预约情况等。读者有续借需求的时候，可以通过该系统办理。读者必须输入自己的条码号和密码，在登录系统之后进行查询，查询结果会将读者现借图书情况一一列出，对有续借需求的书目进行选择。读者续借时，可以对一本图书进行续借，也可以实现对多本图书续借。高校图书馆还应在图书续借功能设计上，为保证图书资源的高效流动性、提高利用价值，对续借也做出相关限定。

4. 数字图书资源导航

高校图书馆在数字图书资源导航设计中，要努力建立统一的数字图书平台，提高读者检索效率和使用数字图书馆的频次。高校图书馆在 Web OPAC 查询模块中，应读者需要可从不同的数字图书系统中对相关文献资源信息进行提取，建立起集成的数字图书馆信息库，向读者提供统一检索，并向读者提供全文阅读链接服务。读者可以在线交流自己的看法和意见，以及对感兴趣的内容进行在线评论。高校图书馆的数字图书资源导航子模块主要包含数字图书科学导航功能、数字图书查询功能、数字图书信息查看功能、数字图书书评功能。

①数字图书科学导航功能。通过将图书馆内的数字图书以学科门类为单位进行分类后，通过数字图书学科导航功能帮助读者在较短时间内迅速、准确地查找到目标图书。在对图书馆图书门类分类的基础上，实施多层级、细化分类的办法，读者根据自己需求在图书分级的基础上一步步找到需要的目标图书，将图书相关信息全方位展现导航给读者，如图书名称、图书作者、出版机构、借阅链接以及全文链接信息。

②数字图书查询功能。读者通过作者名、图书名、书号、出版社、ISBN 号等多种检索途径进行数字图书查询。数字图书资源导航将图书名称、作者、出版社、图书全文、借阅情况等分别以超链接的形式展现给读者，向读者提供详细的图书信息资料。

③数字图书信息查看功能。在该模块，能将图书的内容摘要、作者简介、借阅次数等详细信息一一展现给读者。通过提供全文超链接、借阅超链接、作者超链接等服务，读者能够享受到数字图书的全部页面资料并进入数字图书的借阅页面，查询到作者其他方面的所有著作等相关详细信息，非常实用。

④数字图书书评功能。通过数字图书资源导航子模块，读者能够对数字图书发表书评。书评发表过程简洁易操作；书评内容被发布后，读者能够在交流平台上看到自己的留言，可与其他读者开展互动；在书评环节，高校图书馆还可以设计"匿名书评"模块，其他读者对"匿名书评"的内容可见，但是发表书评的读者真实姓名不能体现。于后台管理人员而言，有权限看到书评发表人的相关信息。

### （三）现实必要性

21 世纪，伴随着信息技术的大爆发、广应用，信息资源已经作为一种重要资源左右着全球范围内各个国家和地区的发展，已成为促进经济发展、社会进步的直接生产力。在信息化技术条件下，高校图书馆存在的宏观环境和微观环境都已经发生了深刻的变化，如何根据信息化时代发展对高校图书馆提出的新要求、新挑战，更好地发挥图书馆作为高校"三大支柱之一"的重要功能，已经成为一道现实的历史课题摆在广大图书馆工作者面前。新的历史时期，我国高等教育改革方兴未艾，高等教育事业呈现出前所未有的强劲发展势头，面对信息化时代提供的难得历史机遇，高校图书馆必须要加强自身建设，逐步实现管理自动化、信息化，更好地承担起服务高校教学科研的重任。当前，从很大程度上讲，我国高校图书馆受特定体制性因素限制、受自身办馆水平限制，在管理模式上依然没有完全摆脱传统条件下的制度制约，陈旧的管理制度无法满足新时代的要求和信息技术对其长远发展的要求，不利于高校图书馆信息化管理和自动化服务。

当前，以计算机技术和网络信息技术为代表的信息时代已经成为人类社会发展的一个显著特点，人类社会已经迈入经济社会进步发展越来越多地依赖于信息及信息开发利用的时代。无论是一个国家、一个经济实体还是其他任何一个组织，要想在经济全球化范围内的信息时代条件下生存发展、保持长久活力和强盛的竞争优势，就必须要顺应时代发展潮流，对信息时代的迅猛发展所带来的各领域的深刻改革做出灵活、敏感而迅速的反应。

以计算机技术和互联网技术为重要支撑的信息时代，要求高校图书馆必须实现自动化的信息管理，以更好地顺应信息时代发展，发挥在知识经济中得天独厚的巨大优势。以计算机广泛使用为代表的高校图书馆信息系统创新为标志，越来越多的高校图书馆在采购、著录、流通等各个环节都正在或已经实现了信息化管理，使图书馆管理员从传统条件下的繁重工作中解放出来，提高了工作效率，节省了人力成本。信息技术条件下，如何借助计算机强大的功能，在实现对采购、著录、流通等工作环节进行信息化管理的基础上，更好地利用其强大的信息统计和信息分析功能，建立规范化的信息管理系统，充分利用信息化优势，是当前和今后一个历史时期内高校图书馆信息管理创新的一个重要课题和主要方向。

### （四）发展主要阶段

在当前信息技术时代条件下，计算机技术和信息网络技术飞速发展，在国内外高等学校图书馆业务及管理过程中可以时时刻刻看到信息化的身影：管理信息化也越来越多地被国内外诸多高校所采用。纵观国内外高校图书馆，无论在采购、著录，还是流通、管理等各个工作环节，无不体现着信息化的影子。管理信息化，使高校图书管理员提高工作效率，从繁重的手工劳动模式中解脱。

纵观国内外高校图书馆管理信息化系统发展历程，我们可以将其概括归纳为以下几个方面。

#### 1. 第一阶段

这一阶段是高校图书馆管理信息系统在单项业务中运用的阶段。在这一阶段，高校图书馆管理信息系统呈现出的主要特点在于研究和开发图书馆单项业务的计算机管理系统，如编目系统、流通系统。在这些系统中，硬件一般采用一台或多台计算机，软件大多使用 dBASE 和 FoxBASE 数据库管理系统。

#### 2. 第二阶段

这一阶段是高校图书馆管理信息系统迈向集成化的阶段。集成化阶段是在第一阶段基础上，将高校图书馆各个分开来的单项业务信息化进行融合，突出各单个业务系统的集成。在这一阶段，国内外高校图书馆管理信息化系统运用呈现出来的显著特点在于，不同高校加快推进自动化集成系统，实现图书馆在诸多业务领域，诸如采购、编目、典藏、流通、期刊等业务领域中的自动化，在高校图书馆管理信息系统集成化阶段，是以全球范围内互联网技术和计算机技术较快发展为重要前提和基础保障的，在这一阶段，高校图书馆管理信息系统主要采用计算机局域网结构。

#### 3. 第三阶段

这一阶段是信息化时代条件下国内外高校图书馆管理信息系统迈向全面网络化建设的阶段。在 20 世纪 90 年代全球互联网技术飞速发展的带动下，在全球高校图书馆管理信息系统建设领域兴起了全面网络化建设的高潮，尤其是在因特网技术的带动下，一些发达国家高校图书馆管理信息系统实现了网络系统阶段、客户机/服务器阶段和因特网阶段的相结合。在第三阶段已经产生了高校图书馆管理、业务等各个领域翻天覆地的巨大变化，但是这种应用主要集中在计算机技术下图书馆在信息统计、信息分析方面的功能，而忽视了管理的科学化，造成"人机分离"，因此高校图书馆信息化建设要与时俱进，不断开拓创新。

## （五）技术基础

高校信息技术中心的策略软件技术是管理信息系统开发设计的重要基础；在整体管理信息系统开发设计中必须要确定开发策略；只有确定了开发策略，才能确保软件技术基础的正确方向，开发设计出更加科学、有效的管理信息系统。比如采用了"自上而下"和"自下而上"，以及两者相结合的综合法。

"自上而下"开发策略：该种开发策略是基于组织目标和组织对象实际、主要面向组织高层管理者的一种开发策略。在确定组织目标的基础上，再次划分相应的业务子系统，确保组织相应功能的顺利实现。该种开发策略从本质上讲是一种应用模块分解的方法，将一个综合的整体逐步地、层层地分解为具体的子系统。运用这种方法能够最大限度地保障组织中各个子系统功能的实现，具有较强的逻辑性和整体性。以上是该种开发策略的主要优势。而该种设计策略也存在一定的不足，其适用范围主要应用在较小的系统之内；如果对于一个大型系统来讲，使用该种策略就会因为产生较大工作量而导致某些细节方面照顾不到，相应的影响到系统的整体功能和开发成本。

"自下而上"开发策略：该种开发策略的主要对象是组织中的基本业务和数据处理，重点从组织中各个管理层中的子系统日常业务管理与处理入手而进行分析与设计。该种开发策略的主要优势在于，开发过程简单，容易调整，易识别，非常容易确定数据流以及实现对数据的储存。从本质上讲，该种开发策略是从子系统中的具体业务层面开始，逐步上升综合到整体层面的管理信息系统的分析和设计，是一种模块组合的方法。如果说"自上而下"的开发策略是一种模块分解的方法，那么"自下而上"的开发策略则与之相反，强调和突出模块组合的方法。该种开发策略的主要不足体现在，在一些具体子系统的分析设计和开发过程中，往往重视子系统的功能与业务处理，不能很好地从整体范围上考虑到系统的全局总体目标和总体功能。因此，在进行管理信息系统设计采用该策略对子系统进行分析和设计中，须要对各个子系统功能和数据做出较大范围的修改和调整，这将会带来诸多不便。该种开发策略由于缺乏整体性和协调性，其功能和数据往往会造成冗余，甚至产生矛盾而影响开发效果和质量。

"自上而下"与"自下而上"的综合开发策略：通过上面的分析我们可以看到，以上两种开发策略各具有优缺点，为了在管理信息系统开发设计中更好地发挥以上两种开发策略的优势，可以将以上两种开发策略综合起来运用。"自上而下"开发策略的最大的优势是能够较好地适应组织的总体方案的制定，而"自下而上"开发策略最大的优势在于能够较好地适应于一些具体业务层面的设计。如果实现两种策略结合，既能够做到从整体范围上照顾到各个子系统的开发设计，又能在各个具体子系统开发设计的同时确保整个组织系统的完整性和整体性。

# 第三节　高校图书馆面临的新挑战

## 一、知识创新的要求

图书馆作为搜集、整理、存储、传播信息和知识的基地，在图书馆工作中，最重要的环节之一就是知识创新。为了实现图书馆可持续发展，让图书馆的发展紧跟时代步伐，就必须大力推动知识创新。图书馆知识创新程度和水平也是评价图书馆知识管理水平的重要指标和依据。世界各地的图书馆联盟将知识管理目标定位在全社会知识资源的共享与合作上。例如，中国高等教育文献保障系统，将国家的资金支持与现代图书馆理念、先进的信息技术手段、高校丰富的图书文献资源和人力资源相结合，实现信息知识资源共建、共知和共享。它使用的联机合作编目系统、联机公共目录检索系统，能够对文献知识充分揭示，是一种高校图书馆知识创新的典型。

### （一）定义

图书馆知识创新体系包含的内容应该是内外部相结合的，不仅包括图书馆知识创新原理、新知识，做出新的发明创造，也包括对已有的图书知识进行组织管理，挖掘已有知识中未被充分了解、认识的内容。图书馆知识组织本身是知识创新的前提和基础条件。原始的图书信息知识本身无法产生价值，分散、无序的信息知识也不能构成有效的知识资源。只有将信息知识有序化融合、组织，把具有必然内在联系的知识、信息相连接，才能形成一个有关联的知识系统，通过系统运作，产生相关效益。要以资源性知识为基础，用户知识需求为依据，将知识进行重组、转化、再造，形成用户所需要的知识。这一过程，就是图书馆进行知识创新的过程。在特定目标的指引下，图书馆将进行知识重组，既要发现知识之间的内部联系，又要精确地预测知识发展的方向，构建动态化知识体系。知识转化指的是隐性知识和显性知识之间的相互转化。知识再造是以知识转化为基础，图书馆管理人员通过智力劳动，在知识资源、知识水平、知识联系以及对未来知识预测的基础上形成新知识的过程。这些知识活动，需要智力的参与，即知识挖掘活动。知识挖掘是将分散在各种图书文献中的相关知识、概念、观点、数据、理论、方法提取出来，按照不同的学科体系，分门别类地加以分析、鉴别、综合、归纳并重新组合，编制成以知识单元为基础的专题综述、专题文摘、文献研究报告等二次文献以及手册、文献指南、便览等三次文献（包括网络形态）。知识挖掘根据图书馆实际需要，设置知识库或数据库，进行信息知识的再加工，生产出知识产品。它虽然不属于发现与发明，却可能产生新知识、萌发新见解，是间接的知识创新。

知识只有在不断交流中，才能更好地实现知识的学习、利用、创新和升值。图书馆知识创新活动可以分为三类。第一类是馆员直接参与相关的图书馆科研活动，创造出新的图书馆理论、技术和方法；第二类是图书馆作为文献咨询与交流的中心，帮助有相应需求的读者获得所需要的科技文化知识，提供最前沿的科技信息，并能预测科技发展趋势，成为知识创新成果形成、转化和实现产业化的桥梁；第三类是以前人研究成果为基础，对图书馆知识进行重组、分析、挖掘，让图书馆成为知识创新的前沿阵地。

综上所述，图书馆不仅是知识信息的文献咨询中心、读者创新的重要资源库，还是各种新产品、新技术的展示中心。通过鼓励馆员多参加各种学术组织和学术会议，给予馆员与更多业界人士交流的机会，加快图书馆知识流动，加大显性和隐性知识的相互碰撞、交融机会。此外，努力将分散、静态的知识挖掘出来，转移给需要它们的读者用户，刺激新想法、新思路的产生。同时，图书馆通过有力知识创新成果宣传，使成果被市场所认可和接受，最终转化为生产力，并反过来进一步促进知识创新，形成知识创新的良性循环。

## （二）内容

图书馆知识创新是图书馆相关机构和组织所构成的知识系统网络，促进知识的传播应用。它包括三个方面：知识理论创新、技术创新和知识组织创新。知识理论创新是指图书馆管理人员时时关注科技的最新动态的前沿理论，利用计算机等科技手段,结合图书馆现有理论,吸收和借鉴其他社会科学理论、方法,不断发展和创新图书馆学知识,充实、更新、提升理论建设;技术创新是指相关技术在图书馆知识创新中的应用。开展创新活动,具体体现为对图书馆自动化、网络化、数字化发展方面的创新,还体现在图书馆工作技术的创新。知识组织创新是建立一套有效知识管理体系,能优化图书馆的各知识职能部门与知识工作流程,加强知识管理项目。这些创新项目可以是参考咨询、知识导航、个性化服务、网上阅读、远程教育等各类创新活动。

## (三)特点

图书馆知识创新不仅内涵丰富,并且其具有的特点和优势,是传统图书馆无法比拟的。这些优势主要体现在以下几个方面。

### 1. 共享与转移

图书馆知识创新的一个重要目标是促进内部馆员之间的知识交流、转移和共享。它要求所有馆员主动共享他们拥有的各类知识,提升图书馆知识创新能力。图书馆针对知识信息的收集、储存、整理、分析和传递等过程,既是知识创新过程,也伴随着知识转移和共享活动,它不是机械性的管理活动或过程,而是把握知识之间、知识与用户之间的关联关系,创造出新知识,以满足人类社会发展和用户对图书信息知识的需要。

### 2. 以人力资源为核心

随着信息时代和信息技术的发展,未来的图书馆发展模式将在更大程度上依赖于图书馆对知识与信息的把握和创新。人力资源的应用对促进知识创新至关重要。图书馆知识管理和知识创新要求图书馆馆员既是知识中介、信息提供者,又是知识创造者和应用者。图书馆必须对馆员的专业技术培训加以重视,要对馆员进行终身教育,要不断提高馆员的知识文化水平,加强馆员收集、获取、创新知识的能力。在充分尊重馆员个人价值实现的基础上,激励馆员将其隐性知识和智慧应用于图书馆知识服务之中,实现图书馆集体价值最大化目标。

图书馆知识创新文化会影响和制约馆员的创新意识、创新精神的培养。良好的知识创新文化能使馆员与馆员之间直言不讳、充分交流、发表自己的知识见解,鼓励馆员对各种知识管理存在的问题进行质疑,这有利于打破图书馆中一些束缚馆员创造性思维的条条框框,能够主动寻求更好的解决方法。馆员可以提出冒险性的创新思维,表达自己的见解。良好的知识创新文化能加强馆员与领导之间的信任，形成互相尊重、信任、理解的良好氛围。馆员在日常相处中要互相信任、坦诚以待，这有助于在潜移默化中形成和谐友好的工作氛围。由此可见，在人力资源管理方面，图书馆知识创新起到重要作用。

## 二、智库建设

### （一）现状

中国公共图书馆的治理现代化首先要实现国家图书馆与省市公共图书馆的治理现代化。我们欣喜地看到，近年来中国公共图书馆智库建设正在不断进步与发展，取得了令国家和社会肯定的成绩，其中国家图书馆和上海图书馆的建言资政和决策咨询功能得到了决策层和智库业界的充分肯定，其他省市公共图书馆也不同程度地取得了初步成效，在公共图书馆的治理现代化方面迈出了坚实的步伐。

国家图书馆的决策咨询和文化政策研究成效显著。国家图书馆在服务定位中把为中央和国家领导机关、社会各界及公众提供文献信息和参考咨询服务作为服务的重要职责。国家图书馆围绕国家文化政策和图书馆战略发展的研究工作，推出了丰富多样的智库研究成果，据国家图书馆 2020 年 2 月提供的年度总结材料，国家图书馆在 2019 年全年为国家立法和决策服务共提供了相关咨询服务 2405 次，编制经济、文化、外交、国防、民政、海外智库等领域专报12 种 853 期，有的专报得到了国家领导和有关机构的充分肯定。国家图书馆研究院作为国家级公共图书馆新型智库，充分体现了智库的资政研究功能，承担了诸多国家课题。

### （二）成效

在公共图书馆长期从事的参考咨询工作的基础上，近 20 年来公共图书馆智库建设在一些方面也取得了初步成效。主要体现在以下几个方面。

①为国家和各省市"两会"服务，受到党政部门的欢迎。自 1998 年以来，中央图书馆和各地图书馆，都提供了大量文献信息服务，其中包括"两会"代表的在线数字服务咨询平台、"两会"代表个性定制化的文献资料借阅和文献信息查询服务、围绕国家和省市"两会"讨论内容及时编制的主题文献信息资料、"两会"现场文献信息服务等。在多年的服务实践中，公共图书馆的"两会"服务更为主动，更为专业，更为便捷，更为精致化，更为数字化、网络化和智能化，受到了国家与省市两会代表的普遍欢迎。

②提供的应急文献信息服务获得赞誉。2008 年 5 月 12 日，四川汶川发生

大地震，因山体滑坡阻塞河道而形成了长 803 米、宽 611 米，顶部面积达 30 万平方米，上下游水位落差达 60 米的唐家山堰塞湖。此湖处置不当会引发重大灾害，当时没有可供参考的权威文献资料，如何制定安全有效的应对解决方案成为国家救灾决策的巨大挑战。当时国家长江水利委员会向国家图书馆参考咨询部电话求援，要求提供堰塞湖安全处置的相关文献资料；国家图书馆参考咨询人员发挥了文献检索的专业特长，最后通过中国台北汉学研究中心的馆际互借平台，以文献传递的渠道，获取了十分珍贵且具有重要决策参考价值的相关文献资料。从 14 点接到求援电话到当晚 19 点完成，国家图书馆以百米冲刺的非常速度和文献提供的专业智慧，在短短 5 个小时之内便将整理的资料提供给了国家长江水利委员会，为处于抗震救灾一线的水利专家对堰塞湖监控预警和制定应急方案提供了重要智力支撑，帮助水利专家确定了"疏通引流、顺沟开槽、深挖控高、护坡填脚"应对施工方案，并最终使堰塞湖险情排除。长江水利委员会在之后写给国家图书馆的信中写道：在争分夺秒制定唐家山堰塞湖排除险情方案的紧要关头，国家图书馆的领导和工作人员不顾疲劳、加班加点、不计报酬、多方联系，为堰塞湖抢险提供了一批又一批的参考资料，为抗震救灾做出了自己的努力，谱写了一曲携手抗震救灾的感人乐章。这充分体现出国家图书馆智库服务决策中的"发热不发光，参考不决策"的文献信息和咨询服务特点。

亚太经合组织（APEC）第九次领导人非正式会议于 2001 年 10 月在上海举行，会议期间因文艺演出时需要展示参会各国的民族文化背景图像，当时会议组织方曾紧急求助上海图书馆提供相关文献资料，上海图书馆领导在晚上接到有关文献提供的需求后，在短短数小时之内，便组织读者服务中心的图书馆员从家中赶到馆中，通过文献检索从书库中迅速找到了相关的图册和照片，及时送往会议的组织方，为 APEC 会议的文艺演出中我国与世界各国文化交流互鉴的文明共同体氛围营造提供了及时而珍贵的文献支撑。

③为大众进行政策解读和科技普及取得成效。国家图书馆和省市公共图书馆的讲座展览服务已成为公共图书馆的核心业务，许多讲座和展览形成了服务品牌。这些讲座和展览很重要的内容就是面向大众进行党和国家的政策解读，使广大读者及时了解并深入理解党和国家的重大战略和重要部署。讲座和展览等也进行科学技术与科技创新的普及教育，体现出科学普及与科技创新作为创新发展两翼的智库智慧，发挥了公共图书馆智库作为科普师的功能。同时，国家图书馆举办的部级领导干部历史文化讲座也颇受欢迎，其中 2019 年曾举办

12 场，服务近 2000 人次，为国家决策层提升整体文化素养起到了重要的管理决策智慧积淀作用。此外，公共图书馆在政府信息公开中也发挥了重要的作用。

④持续推进为各类智库提供文献信息服务。公共图书馆智库虽然不是中国特色新型智库建设的核心和重点，但处于创新链和创业链的起点和前端，八类新型智库都不同程度地需要利用公共图书馆提供智力支撑。在 2019 年，国家图书馆为国家立法和决策部门量身定制图书文献服务，通过移动互联网管理系统，将数字图书馆、专题数据库、漂流书架、智能书柜等多种形式和载体的文献资源送到国家立法和决策部门管理人员的身边。如为国家文旅部提供优质便捷阅读服务；为中央有关机构建设数字图书馆；整合海洋专题馆藏资源，打造海洋专题数据库；与军事科学院国家高端智库和海关总署等就建立国家图书馆分馆达成合作意向。国家图书馆 2019 年全年完成包括各类智库在内的信息咨询 113 533 次，接受文献传递、馆际互借、国际互借请求 44 725 次。国家图书馆科学评价中心为多家智库提供了科学评价报告；筹建国家图书馆知识产权信息服务中心已完成前期调研论证。又如，上海图书馆在 2019 年，积极推进文献信息咨询传统服务转型，向社会影响力大、附加值高、服务大型企业、服务上海市重点科技产业项目的深度咨询服务拓展，完成国际大都市数据研究报告 100 篇和前沿技术发展研究中心软科学研究基地报告 20 份，启动专利元数据检索分析平台建设，建立了边缘技术、机器智能等新兴技术专利专题数据库，推进医疗器械数据库和社区治理专题知识库建设，进行专利信息分析研究项目和科技查新等，成为新型智库特别是科技智库和企业智库的重要智力支撑。

此外，公共图书馆智库建设的协同创新有所开展。智库的学术研究成果开始逐步问世，智库人才在实践中开始逐步成长，以上这些都是公共图书馆智库值得肯定的方面。

## （三）不足与短板

智库建设质量有待提升。公共图书馆智库建设现阶段在数量和质量上都有所不足，其中智库建设的质量更为突出。综观中国公共图书馆界，缺乏高质量的智库，具有前瞻性、战略性和储备性深度的智库研究成果更是稀少。以八项标准中"具有一定影响的专业代表性人物和专职研究人员"来分析，国家图书馆、上海图书馆、辽宁省图书馆、甘肃省图书馆等先后有多位管理和专业人才进入了所在省市的参事室，各公共图书馆还有一些人才被选为全国和省市的人大代表、政协委员、党代表、文史馆员等，为公共图书馆建言资政提供了通道和平台。

但总体而言，公共图书馆智库的代表性人物较为匮乏，领军人物和杰出人才寥寥无几，专职研究人员的阵列也未形成，即使已经逐步崭露头角的人才也还缺乏智库应有的专业素养和专业能力。公共图书馆智库目前在服务党和政府决策中存在着"八多八少"的现象：一是文献归纳多，深化研究少；二是被动服务多，主动服务少；三是盲目服务多，针对建言少；四是间接服务多，直接服务少；五是具体服务多，政策研究少；六是当下服务多，前瞻储备少；七是个别服务多，战略谋划少；八是或然服务多，持续专注少。以上不足和短板需要我们在公共图书馆智库建设的创新转型和质量提升中逐步予以克服。

**（四）要求**

①智库建设机制有待形成并完善。从《关于加强中国特色新型智库建设的意见》中对智库建设的八项标准来分析，公共图书馆新型智库建设的机制有待形成并完善。要在有条件的公共图书馆参考咨询部门的基础上，形成相对稳定的专职研究机构，要因地制宜、因馆制宜、因人制宜地形成独有的文化；要把培养专业的研究人员作为公共图书馆人才建设的重要内容。在公共图书馆年度计划预算中，要形成有保障并可持续的智库建设专项资金预算并拓展资金来源；要构建智库的多层次的学术交流平台和协作网络，并注重打通智库成果的转化渠道；要在数字图书馆和人工智能与图书馆更新的进程中构建起为智库服务的功能完备的数据采集分析系统，改变智库资源配置缺乏和失衡的现状。要建立和健全国家图书馆和各省市公共图书馆的新型智库治理结构及组织章程，按照新型智库的要求不断创新管理方式和协同模式，要在有条件的公共图书馆积极开展国际合作交流。同时，针对公共图书馆智库在决策过程中的无制度化现象，以及相关服务产品缺乏传播渠道的情况，要通过积极主动作为和协同创新等方法打通有关渠道。

②需要解决科研与智库"两张皮"问题。智库建言资政需要以学术研究为本，以应用研究为要。基础理论研究不仅是文献信息服务作为智库前端功能的基础，也是决策建言厚积薄发和百米冲刺时必须具备的学术积累。应当克服公共图书馆智库建设中忽视或轻视学术研究的倾向，为智库机构和人员形成长期专注和跟踪扫描式的学术研究领域与主题，创造必要的条件。同时，学术研究要避免脱离现实的坐而论道或隔空比画，各项研究应在体现有深度有厚度的针对性上下功夫，在重要的时间节点、战略与政策导向上发出公共图书馆智库的声音。应注重创新性、坚韧性、针对性、可操作性的有机结合，加强对公共文化发展

战略和政策的趋势性、前瞻性、预测性、储备性研究，加强对公共文化领域的新现象、新模式、新业态、新技术的分析和研判，将学术和理论优势转化为制度和政策优势，体现出智库建设中科研与智库的有机结合。我们欣喜地看到，有一些大学教授和科研机构研究员从教育岗位转至公共图书馆的管理岗位，还有的参加了公共图书馆理事会和智库研究项目，这将有助于解决科研与智库所面临的问题。

### （五）发展

在面向未来的深化决策咨询服务中，公共图书馆智库建设需要在服务国家和地方政府文化决策和政策咨询中进一步提升智库建设的能级；需要以改革创新为动力，克服智库建设现存的诸多短板，努力实现公共图书馆智库的创新转型与发展蝶变。具体要做到以下几点。

①公共图书馆智库建设应实现创新转型。随着改革开放 40 多年来中国经济社会的持续快速发展和进步，中国公共文化事业正处于大发展大繁荣时期，为公共图书馆智库建设提供了前所未有的发展机遇，也带来了难以预测的现实难题。如何形成选题准、调研深、情况明、分析透、建议实的建言资政新局面，如何将公共图书馆管理服务中的痛点、堵点、难点转化为公共图书馆事业创新发展的拐点、起点、亮点，需要我们加强公共图书馆智库的自身建设，以战略思维、系统思维、创新思维实现新型智库建设的转型。面对广大读者日益增长的文化新需要，面对层出不穷的文化新业态和新模式，面对日新月异的信息新技术，面对现在与未来各类矛盾深刻复杂的变化和不确定性，公共图书馆智库建设既要有风险忧患意识又要有历史机遇意识。公共图书馆智库的战略问题和公共政策研究，需要在面对大发展、大变革、大调整的新环境中，承担起传承文明与服务社会的使命担当，努力实现智库建设的系列创新转型：实现具体服务向战略服务的转型，实现浅层提供向深度分析的转型，实现或然服务向长期专注的转型，实现被动服务向主动服务的转型，实现独自运作向协同合作的转型，实现单体机构向一体平台的转型，实现数字化、网络化向数据化、智能化的转型，实现全球模仿跟踪向世界竞赛并进的转型，实现西方解读公共图书馆向中国解读公共图书馆的转型，从而进一步释放公共图书馆的功能，加快公共图书馆现代化进程。

②借鉴全球智库发展的普遍经验，如何在海量、多样、复杂的信息中经选择、分析、研究后向决策层提供有价值的知识信息和决策智慧？公共图书馆智库建

设首先需要借鉴全球智库发展的普遍经验。如建立专门的信息情报服务部门，设立专职的信息数据协调主管并控制信息数量与质量，将离散的信息数据碎片加以整合积累，建立并不断建设资源丰富的网络平台并及时提供信息知识服务，建立专题数据库并持续进行知识积累和有针对性的服务，定期编辑出版各类信息情报产品等。

③充分利用已有制度安排的各类场所与平台。公共图书馆智库专业人员应积极主动参加国家和省市政府文化部门的决策咨询座谈会和协调会，认真研读决策咨询相关的，特别是文旅科技领域的政府文件，努力落实各种决策渠道安排的不同形式的调研课题和交办的命题作业，主动参与决策层主办或委托办理的各类相关主题论坛与学术会议，下功夫编纂好决策层指导下推出的各类年鉴、报告、标准、统计资料等。

④防止"近水楼台不得月"现象的发生。国家图书馆和上海图书馆等公共图书馆智库采用了"旋转门"的方式，不少主要管理者由政府决策部门转至公共图书馆管理岗位，有的公共图书馆管理者则调至国家和省市政府管理部门任职，也有不少省市公共图书馆实现了政府文化主管部门领导与图书馆管理岗位的交互轮换，形成了智库与决策的紧密关系和信息传递的灵敏通道，较好地解决了智库与决策层贴近的堵点和难题。

公共图书馆智库尽管具有这些"人和"优势，但也要防止"近水楼台不得月"现象的发生，要积极争取介入相应的沟通渠道和参与决策的体制机制安排，避免形成脱离决策所需和现实的空洞而滞后的文献信息服务，避免形成缺乏针对性和有效性的智库成果，以免影响建言资政作用的发挥。

⑤充分利用图书情报的专业优势走近决策层。公共图书馆智库具有图书情报的专业能力，智库建言资政应当发挥这些优势。如应长期跟踪关注《人民日报》《新华每日电讯》《中国文化报》和中央电视台等主流媒体的新闻报道和网络平台信息，以及境外重要媒体的新闻报道，及时认真研读分析地方重要媒体线上和线下的各类新闻信息。对中央政治局专题学习、国务院常务会议议题、全国人大讨论的各类法规、全国政协双周协商座谈会议题，以及所在省市四套班子的相关会议主题等加以持续的关注；对党和国家、文旅部、所在省市决策层、国际图联的各类报告、决议、通知、讲话、批示等重大活动有所把握，对相关信息也要及时把握。同时，应当注重运用数据、算法和算力的深度分析研判，推进公共图书馆智库专业人员的深度智囊化，提升服务决策的能力水平。

⑥智库建言资政的问题导向。问题导向应当成为公共图书馆智库创新发

展的着力点，公共图书馆的决策建言，特别需要善于在深入调查研究基础上发现问题，把握公共文化现实发展过程中的时空节拍，以见微知著的超前眼光进行预测、预判和预警；特别需要把握中国大地上的勃勃生机，避免围城宅院中的自说自话，在"亲吻大地"和"深接地气"中，在更高层次、更深程度、更远视野上提出文化发展的战略思考，提出具有现实针对性、预测性和前确性的建言。公共图书馆智库可以发挥自身的信息流、数据流、人才流、思想流、知识流的文化保存容器和社会触控器的双重优势，在适当时间提出有针对性的建言。

⑦公共图书馆智库的问题导向应当与现实导向、重点导向、创新导向、目标导向等紧密结合起来。现实导向就是要对数十年来中国涌现出的具有中国特色的公共图书馆发展道路创新发展的生动实践在理论上加以总结概括，以公共图书馆的发展是否更多更公平地惠及最广大的读者并得到用户的认可作为建言资政的准绳，同时需要直面基于体制机制障碍的现实关键痛点和主要障碍堵点，深入剖析内在原因。重点导向就是要聚焦于公共图书馆发展的重点难点和关键要素，紧紧围绕如何提升公共图书馆运作与服务的能级质量问题，紧紧围绕如何实现未来公共图书馆整体性发展和整体性转型问题进行建言资政。创新导向就是要在借鉴全球公共图书馆发展普遍经验的同时，结合中国的实际，特别是人工智能与公共图书馆更新重塑，对在"后全面小康"时期如何创新发展提出实施路径和具体举措。目标导向就是要以全球和全国的远见智慧确定公共图书馆未来发展的战略定位，提出如何创新发展的具体设计项目并以读者的最终满意度和幸福感来加以评估。

# 参考文献

[1] 周阳 . 国内外图书馆开放教育资源服务现状与启示 [J]. 中国中医药图书情报杂志，2021，45（4）：20-27.

[2] 李明，胡仲夏，童宁 . 论高职院校图书馆"十四五"发展影响因素与重点工作 [J]. 中国中医药图书情报杂志，2021，45（4）：46-49.

[3] 杨静 . 高校智能化图书馆转型的有效策略分析 [J]. 江苏科技信息，2021，38（22）：30-32.

[4] 杨波 . 高校智慧图书馆建设优化策略：基于 SWOT 分析法 [J]. 江苏科技信息，2021，38（22）：33-36.

[5] 苏礼晶 . 危机传播视阈下媒体融合的"危"与"机"[J]. 今传媒，2021，29（8）：40-43.

[6] 曹创威 . 正确处理主流媒体和商业平台的关系 [J]. 今传媒，2021，29（8）：123-125.

[7] 乐嵩，宋维权 . "双维度"媒体融合评价体系的设计与实践 [J]. 决策与信息，2021（8）：67-77.

[8] 龙飞 . 加强高校图书馆文化建设的途径和注意事项 [J]. 科技风，2021（21）：145-146.

[9] 何艳香，汪克孜·吾苏尔，席亚军 . 后疫情时代图书馆"云馆配"模式的实践与思考 [J]. 办公自动化，2021，26（15）：51-53.

[10] 王捷 . 高校新型信息素养教育体系构建研究 [J]. 图书馆学刊，2021，43（7）：31-36.

[11] 程罗德 . 利用区块链技术驱动高校图书馆数字资源建设研究 [J]. 图书馆学刊，2021，43（7）：50-54.

[12] 周荣伟，李建标 . 高校科学数据服务平台使用现状及对策分析 [J]. 产业与科技论坛，2021，20（15）：265-266.

[13] 陈智慧.高校智慧图书馆创新服务模式的发展与研究 [J].江苏科技信息，2021，38（21）：10-13.

[14] 陈丽霞.面向泛学科化服务的高校图书馆资源建设策略研究 [J].参花（上），2021（8）：123-124.

[15] 杨小敏.新媒体环境下的高校图书馆阅读推广服务创新 [J].参花，2021（8）：129-130.

[16] 马英花.高校学生图书馆焦虑及其影响因素分析 [J].传媒论坛，2021，4（14）：129-130.

[17] 汪露珠.基于学生视角的高校图书馆服务策略 [J].传媒论坛，2021，4（14）：133-134.

[18] 周倩.高校图书馆阅读推广服务机制构建路径研究 [J].传媒论坛，2021，4（14）：137-138.

[19] 张庆子.网络时代图书馆信息服务的新趋势 [J].传媒论坛，2021，4（14）：149-150.

[20] 黄楚新.推进媒体深度融合处于关键窗口期 [J].传媒，2021（14）：1.

[21] 盛跃辉.图书馆阅读推广的多元化策略分析 [J].商业文化，2021（21）：136-137.

[22] 宋海艳，张轶华，黄镝，等.高校图书馆文献信息资源绩效管理体系构建研究 [J].大学图书馆学报，2021，39（4）：22-27.

[23] 张吉，郭晶.高校图书馆数据库采购谈判中涉及的法律法规问题刍议 [J].大学图书馆学报，2021，39（4）：36-42.

[24] 龙小农，陈林茜.媒体融合的本质与驱动范式的选择 [J].现代出版，2021（4）：39-47.

[25] 杨继民，徐鸿飞.新媒体环境下高校图书馆阅读推广策略研究 [J].江苏科技信息，2021，38（20）：11-13.

[26] 辛贞子，崔花.新媒体融合时代如何弘扬与传播民族文化 [J].参花，2021（7）：61-62.

[27] 张秀丽，李开渝，李智.从并立到融合：中国新媒体研究路径及其出路 [J].中国人民大学学报，2021，35（4）：131-140.

[28] 马海涛.对传统媒体和新媒体融合发展之路的思考 [J].记者摇篮，2021（7）：85-86.